Un nombre…
una herencia

DAVID ENRÍQUEZ L.

ISBN-13: 978-1497319769
ISBN-10: 1497319765

UNA PALABRA DEL ESCRITOR

La razón más importante para escoger un nombre, es que, estás depositando en tu hijo o en tu hija, un carácter.

La Biblia está llena de nombres muy extraños; pero cada uno de los nombres de esos personajes, nos ayudan a entender gran parte de lo que ellos hicieron (sea bueno o malo), porque en su nombre estaba implícito su carácter. Por ejemplo: Josué significa "salvación". Josué llevó al pueblo de Israel a constantes victorias, conquistando la tierra que Dios les había prometido. Nohemí, que significa "placer o dulzura", llegó a desear que su nombre fuera "Mara", que se traduce como "amargura", a causa del sufrimiento que la embargaba.

Cuando le das el nombre a tu hijo, lo tiene que cargar toda su vida. Si su nombre le gusta, estará orgulloso de que lo llamen así. Pero si no le gusta, es probable que lo oculte y se haga llamar de otra manera. Toda mi familia y algunos de mis amigos se acuerdan de "Jorge", quien, en realidad, se llamaba Macario. Para mi gusto, es mejor llamarse Próspero que Severo. Sin embargo, yo no le prondria ninguno de los dos nombres a mi hijo. Pero, le llamaría Edwin, que se traduce como "amigo próspero".

Escogí nombres no bíblicos también, porque en medio de una sociedad tan llena de nombres compuestos y provenientes de idiomas antiguos, es común que algunos padres escojan el nombre para sus hijos, solamente porque se escucha bonito, pero no por su significado.

Lo uno y lo otro es importante.

Mi oración es que puedas sembrar en el carácter de tu hijo o tu hija, un destino profetico, más que solo un nombre.

Te anímo para que escojas un buen nombre y que estés consciente cuán importante es que le recuerdes a tu hijo, su significado. Así, juntamente con tu ajemplo, buena instrucción y apoyo, le ayudarás a cumplir con su propósito en esta vida.

Este libro, también te ayudará a reconocer y entender el carácter de las personas que viven a tu alrededor, y te ayudará a involucrarte mejor con ellos, en tu vida cotidiana, evitando lo que tú ya conoces de su carácter.

Así mismo, te podrás dar cuenta, que tu nombre te ha limitado en ciertas áreas de tu vida, donde, obviamente, necesitarás enfocar tu fuerza, en donde eres débil.

Recuerda que puedes alcanzar grandísimas promesas a través de entender el carácter que tus padres te heredaron a través de tu nombre.

Nunca te olvides, que en la Biblia, nos habla que el deseo de Dios es bendecirte y que tú puedas bendecir a tus hijos a través de UN BUEN NOMBRE.

David Enríquez L.

ÍNDICE

DEDICATORIA

A ti lector(a) que estás en busca de un nombre, para bendecir a tu bebé.

A todas las madres valientes que van a tener la dicha de tomar a su bebé entre sus brazos. Nada en este mundo se hace o nace por azar. Mi deseo es que al buscar un nombre para tu bebé, elijas el adecuado, sabiendo que en su nombre llevará una herencia, hasta el último día de su larga vida.

A mi esposa y a mis hijas y sus esposos. A mis nietos, quienes han renovado mis fuerzas en esta etapa de mi vida.

Y sobre todo, gracias a Dios por el regalo de la vida.

David Enríquez L.

David Enríquez L.

NOMBRE MASCULINOS

A

Aarón (Hebreo). Elevado, alto, excelso, montañoso.
Abasi: (swahili, Africano) severo
Abayomi: Egipcio. El que trae alegría
Abdalla: (swahili, Africano) equivalente al árabe,
Abd-allah (árabe) servidor de Ala
Abd-el-kader (árabe) Servidor del poderoso
Abdi: (popular en Somalia, Africano). Mi sirviente
Abdías (Hebreo). El siervo de Dios.
Abdikarim: (popular en Somalia, Africano). Esclavo de Dios.
Abdiraxman: (Somalí) Sirviente de la gracia divina
Abdón (Hebreo). El muy servicial, sirviente del Señor.
Abdullah, Sirviente de Dios.
Abebe: (amharic de Etiopia) "el ha florecido."
Abel (asirio). El hijo, el ídolo.
Abel (Hebreo). Aliento, vapor.
Abelardo (celta). El que trabaja como una abeja o muy noble.
Aberto: forma Italiana de **Alberto**
Abiel (Hebreo). Dios es mi padre
Abihú (Hebreo). Él es mi padre
Abimael (Hebreo). Mi padre es Dios
Abiram (Hebreo). Mi padre es grande
Abishai (Hebreo). Mi padre es un regalo **Abisai**
Abner (Hebreo). Mi padre es luz
Abrafo: (ghanaian, Africano) Guerrero
Abraham (Hebreo). Padre de multitudes, "el Padre es excelso".
Abramo: forma Italiana de **Abraham**
Absalón (Hebreo). Padre y señor de la paz.
Abshalom Padre de paz **Absalom**
Abubakar: Egipcio, noble
Acacio: *(sin malicia),*
Adael (Hebreo). Eternidad de Dios
Adalberto (Germánico). Perteneciente a la nobleza, famoso por la nobleza. variación de **Alberto**.
Adam (Hebreo). De la tierra . **Adán**
Adar (Hebreo). Magnífico
Addo: (ghana, Africano) "Rey del camino."
Adeben: Egipcio, nacimiento numero 12
Adel (Libanés) justo

Adelardo (Germánico). Fuerte y noble

Adelio (Germánico). El padre del príncipe noble.

Adelmo (Germánico). Noble protector.

Ademar (Germánico). El que es ilustre por sus luchas.

Adiel. (Hebreo) Atavío de Dios

Adif (Hebreo). El preferido

Adín (Hebreo). Delicado

Adino (Hebreo). Adornado

Adir. (Hebreo). Majestuoso

Adisa: (ashanti de ghana, Africano) "alguien que nos enseñará."

Adiv. (Hebreo) Amable

Adjatay: (Camerún Africano) "príncipe."

Admiel. (Hebreo) Tierra de Dios

Adofo: (akan de ghana, Africano) "alguien que nos ama" o luchador

Adolfo (Germánico). De noble estirpe.) lobo o héroe ilustre o ávido de nobleza.

Adom: Egipcio, que recibe ayuda de Dios

Adon: (Hebreo) Señor

Adonai (Hebreo). Señor mío.

Adonis (Griego). El más hermoso de los hombres.

Adrián (Latín). Nacido en Adria. (ciudad de Italia).

Adriano: Que viene del adraiatico

Adriel. (Hebreo). Ejército de Dios

Adrik (Ruso) Oscuridad.

Adwin: (akan de ghana, Africano) "artista"

Afework: (amharic de Etiopía, Africano) alguien que habla cosas placenteras.

Afram: (akan de ghana, Africano)   referido al rio afram en Ghana

Agamenón (Griego). El que es lento, que tarda en avanzar en el camino.

Agapito (Hebreo). El muy amado.

Agenor (Griego). El varón que tiene gran fuerza.

Ageo (Hebreo). De carácter festivo, que alegra.

Agrican: Francés, Que viene del campo

Aguinaldo (Germánico). El que gobierna por la espada

Agur. (Hebreo). Acumulación

Agustín (Latín). El augusto, que merece veneración.

Ahmad (Libanés) Elogiado por Dios

Ahuv. (Hebreo). Amado

Ahuviá. (Hebreo). Amado de Dios

Aitor (vasco). El padre.

Ajab. (Hebreo). Tío

Aján. (Hebreo). Problema

Ajidan. (Hebreo). Mi hermano juzga

Ajiel. (Hebreo). Mi hermano es Dios

Ajiezer. (Hebreo). Mi hermano es ayuda

Ajimán. (Hebreo). Mi hermano es maná

Ajiram. (Hebreo). Mi hermano exaltado

Ajishar. (Hebreo). Mi hermano canta

Ajitov. (Hebreo). Mi hermano es bueno

Ajshalom. (Hebreo). Hermano de la paz

Akhenaten: Egipcio, devoto de Aten

Akia: (Africano) "primer nacido."

Akiiki: Egipcio, amistoso

Akil: Egipcio, inteligente

Akin: (yoruba de Nigeria, Africano) "guerrero, héroe."

Akins: Egipcio, valiente

Akintunde: (yoruba de Nigeria, Africano) "Retorno"

Akinyemi: (yoruba de Nigeria, Africano) "destinado"

Aladino (árabe). El que alcanzó la cumbre del saber

Alain. Forma francesa de **Alan**

Alain: Francés, Guapo

Alán (celta) hombre imponente, de físico hermoso.

Alarico (Germánico). Noble y poderoso

Albano (Germánico). Perteneciente a la casa de los Alba.

Alberico (Germánico). Oso noble

Alberto (Germánico). Que brilla por su nobleza. Forma reducida de **Adalberto.**

Albino (Latín). De tez muy blanca.

Alcibíades (Griego). Hombre fuerte y valiente.

Alcides (Griego). Fuerte y vigoroso.

Aldemar (Germánico). Insigne y noble

Aldetrudis (Germánico). Caudillo fuerte

Aldo (celta). Noble, lleno de experiencia.

Alejandro (Griego). El defensor de los hombres, "protector o vencedor de los hombres".

Alejo (Griego). Que protege y defiende, que repele el mal.

Alek, Alik, Aleksandr, Aleksis, Aleksi, Alexei (Ruso). Ayudantes De Hombres

Aleron: Francés, Caballero

Alessandro: forma Italiana de **Alexander o Alejandro**

Alex. Variante de **Alexis**

Alexandre: Francés, forma de **Alexander**

Alexis (Griego) variante de **Alejo**, y significa el defensor, el protector.

Alfio (Griego). El de tez blanca.

Alfonso (Germánico). Guerrero preparado, dispuesto para el combate.

Alfredo (Germánico). El consejero ingenioso, amigo de los dioses.

Algernon, **Algrenon**: Francés, barba

Alí (árabe). Sublime, superior, elevado.

Alipio: (Latin) sin pena.

Aliz. (Hebreo). Alegre

Almagor. (Hebreo). Indestructible

Almodis (Germánico). Totalmente animoso

Almudena (Arabe) Granero

Aloin, Aluin: Francés, noble amigo

Alón. (Hebreo). Roble

Alonso. Variante de **Alfonso**

Aloyoshenka, Aloysha (Ruso). Defensor De La Humanidad.

Alpha: guinea, Africano) "líder."

Alvar. Variante de **Alvaro**

Alvaro (Germánico). Totalmente prudente, vigilante.

Amadeo (Latín). El que ama a Dios.

Amadi: (Nigeria, Africano) Rejocijo

Amado (Latín). El que es objeto de amor.

Amador (Latín). Prodiga amor.

Amal. (Hebreo). Trabajo

Aman: (amharic de Etiopía, Africano) "Paz."

Amancio (Latín). El que ama a Dios.

Amaranto (Griego). El que no decae.

Amari: (yoruba de Nigeria, Africano) "constructor."

Amaro de gran riqueza

Amaru (Qechua) serpiente, boa (Nombre aborigen)

Amaru (Qechua). Es la denominación de la serpiente sagrada que representa el infinito.

Amazu: (Nigeria, Africano) "Nadie conoce todo."

Ambrosi: forma Italiana de **Ambrose** (inmortal)

Ambrosio (Griego). El eterno, el inmortal.

Américo (Germánico). El príncipe en acción.

Amiel. (Hebreo). Mi pueblo es de Dios

Amiezer. (Hebreo). Mi pueblo es ayudado

Amijai. (Hebreo). Mi pueblo está vivo

Amílcar (púnico). El que manda en la ciudad.

Amintor (Griego). El protector.

Amior. (Hebreo). Mi pueblo es luz

Amir (árabe) el jefe, el gobernante, Cima

Amiram. (Hebreo). Mi pueblo es elevado

Amishalom. (Hebreo). Mi pueblo es paz

Amishar. (Hebreo). Mi pueblo canta

Amitai. (Hebreo). Mi verdad

Amun Egipcio, misterio de Dios

Amun, Ammon: Egipcio, Dios ha unido

Anacleto (Griego). El que fue invocado.

Anán. (Hebreo). Nube

Ananías (Hebreo) gracia del Señor

Anastagio: (Italiano) divino

Anastasio (Griego). El que resucitó o fue resucitado.

Anatolii (Ruso). Que Viene Del Este.

Anatolio (Griego). Que vino de Oriente.

André (Griego) variante francesa de Andrés, que significa valiente y varonil.

Andrea. Forma Italiana de **Andrés**

Andrés (Griego) masculino; variación de **Andrea** (Italiano) y **Andrew** (inglés). Viril, varón, hombre ilustre.

Andrusha, Andrya, Andrei: (Ruso). Forma Rusa De **Andrew**

Ángel (Griego) el mensajero, enviado.

Aníbal (Griego) el elegido por Dios, el que posee la gracia de Dios.

Aniceto (Griego). Hombre invencible, de gran fuerza.

Anscario (Germánico). Lanza de Dios.

Ansel, Ancil, Acel, Ansell: Francés, de la nobleza

Anselmo (Germánico). El protegido de Dios.

Antenor (Griego). El que combate.

Antero Oso noble

Antón. Forma reducida de **Antonio.**

Antonio (Griego). Precioso como una flor, floreciente.

Antosha, Antinko, Anton (Ruso). Inestimable.

Anubis, Anpu: Egipcio, Dios de la muerte

Anum: Egipcio, quinto nacimiento

Anwar: (moorish, Africano) " Brillo."

Apolo (Griego). El que da vida y ahuyenta el mal.

Aquiles (Griego). El que consuela en el dolor, sin labio.

Aquilino (Latín). Agudo como un águila.

Aram (Hebreo o armenio) altura.

Arbel. (Hebreo). Noche divina

Arber: Francés, comerciante de hiervas.

Arcadio (Griego). Natural de Arcadía.

Archaimbaud, Archambault, Archenbaud: Francés, valiente

Archard: Francés, poderoso

Archibaldo (Germánico). El muy intrépido, Valiente y sincero.

Arduino (Germánico). El que ayuda a los amigos.

Areli. (Hebreo). Dios es mi fuerza, Monte de mi Dios. León de Dios.

Aren: (Nigeria, Africano) águila

Aresio (Griego) dios de la guerra.

Argentino (Latín). Resplandece como la plata.

Argimiro (Germánico). Ejército famoso

Ari (Hebreo) variante de **Arie**, El león.

Ariel. (Hebreo). León de Dios

Arístides (Griego). El mejor de todos.

Aristóbulo (Griego). El gran consejero.

Aristóteles (Griego). El que tiene nobles propósitos.

Arman (Ruso). Protector.

Armand: Francés, Variante de **Herman** (soldado)

Armando (Germánico). El guerrero. Enamorado de la vida y de la libertad, sobre todo esta última.

Armanno: Italiano soldado

Arnaldo (Germánico). Que protege y vigila desde lo alto, luchador como un águila).

Arnaud: Francés, águila

Arno: Francés, pequeña águila

Arnoldo. Variante de **Arnaldo**

Arnulfo (Germano) agudo como el águila, fuerte y tenaz como un lobo.

Arquímedes (Griego). Pensador profundo.

Arsenio (Griego). Varonil y vigoroso.

Artemio (Griego) de la Diosa Artemisa, que significa día-noche. Íntegro, intacto.

Arturo (Galés) el noble.

Artus: Francés, noble

Artzi. (Hebreo). Mi tierra

Asad: (Somalia, Africano) "león."

Asael. (Hebreo). Dios lo hizo

Asaf. (Hebreo). Él los juntó

Asaiá. (Hebreo). Dios lo hizo

Asante: (kiswahili, Africano) "Gracias."

Asdrúbal (púnico). El que está protegido por Dios.

Asher. (Hebreo). Feliz. Afortunado.

Asiel. (Hebreo). Dios me hizo

Asim: Egipcio, protector

Assefa: (amharic de Etiopía, Africano

Aswad: Egipcio, negro

Ata: Egipcio, gemelos

Atahualpa (Qechua). Ave de la fortuna.

Atanasio (Latín) inmortal

Atemu: Egipcio, (gran Dios annu)

Atila (Germánico). El padre.

Atilano. Variante de **Atila** .

Atilio (Latín). El favorito del abuelo,
Atsu: Egipcio, Gemelos
Atu: (fante de Ghana, Africano) "Nacido un domingo."
Atur. (Hebreo). Coronado
Atzel. (Hebreo). Noble. Generoso.
Aubert: Francés, noble
Augusto (Latín) majestuoso, digno de reverencia. El que merece fama.
Aureliano (Latín) dorado
Aureliano (Latín) tan valioso como el oro. Variante de **Aurelio**.
Auriville: Francés, que viene de la ciudad de Gold
Ausar Egipcio, (nombre de Osiris)
Avdel. (Hebreo). Servidor de Dios
Avelino (Latín). El que nació en Avella .
Avent, Advent: Francés, nacido durante la llegada
Avidor. (Hebreo). Padre de la generación
Aviezri. (Hebreo). Mi padre es mi ayuda
Avimael. (Hebreo). Mi padre es de origen divino
Avimelej. (Hebreo). Mi padre es rey
Avinatán. (Hebreo). Mi padre me dio
Aviramv. (Hebreo). Mi padre es elevado
Aviraz. (Hebreo). Padre del secreto
Avishajar. (Hebreo). Padre de la mañana
Avitzedek. (Hebreo). Padre de justicia
Avner. (Hebreo). Padre de luz
Awar (Libanés) el más luminoso
Axel. Variante de **Absalón**
Ayman (Libanés) diestro
Ayub: (Africano)   Pintado
Ayubu: (swahili, Africano) equivalente de **Ayub**,
Azael. (Hebreo). Fuerte de Dios
Azai. (Hebreo). Fuerte
Azare. (Hebreo). Dios ayudó
Azariá. (Hebreo). Dios ayudó
Azarias (Hebreo). Fuerza de Dios
Azariel (Hebreo) el que domina las aguas.
Azazael (Hebreo). Chivo expiatorio
Azekel: (angola, Africano) "elogio del señor."
Azi: (Nigeria, Africano) "juventud."
Azibo: Egipcio,Tierra
Azikiwe: (africa) "lleno de vigor."
Aziz (Libanés) querido
Azizi: (swahili y kiswahili, Africano) "tesoro."
Azizi: Egipcio, precioso

Azriel. (Hebreo). Dios es mi salvador
Azul (árabe). Del color del cielo sin nubes.

B

Baal: (Sumerio) señor
Babafemi: Egipcio, amor de su padre
Babatunde: (yoruba de Nigeria, Africano) Papá ha retornado.
Babu: (kiswahili, Africano) "Abuelo"
Badru: (swahili, Africano) "nacido en luna llena."
Badu: (ashanti de Ghana, Africano) " nacido décimo."
Bailey, Bayley: Francés, auxiliar
Bakari: Egipcio, noble juramento
Balbino (Latín) De la casa de Balbus
Baldassare, Baldassario: forma Italiana de **Balthasar**
Baldomero (Germánico). Luchador famoso.
Baldovino (Germánico). El amigo intrépido.
Balduino (Germánico). El amigo valiente.
Baltasar (asirio). Protegido por Baal.
Baltazar (asirio) el que es protegido por Baal.
Bareh (Libanés) hábil
Barnabás. (Hebreo). Hijo de profeta **Bernabé, Barnabi**
Bartolomé (Hebreo y bíblico) aquel que detiene las aguas. El hijo del guerrero o del labrador.
Bartolomeo. (Hebreo). Hijo que suspende las aguas
Baruj. (Hebreo). Bendito
Baruti: Egipcio, profesor
Basel: (sudan), Valiente
Basem (Libanés) sonriente
Basilio (Griego) principesco, Rey, soberano.
Beaufort: Francés, que viene de una hermosa fortaleza
Beb, Bebti, Babu, Baba: Egipcio, (primogénito de Osiris)
Bekele: (Etiopía, Africano) él ha crecido.
Belisario (Griego). El que arroja saetas con capacidad.
Bellamy, Bell: Francés, Guapo
Belmiro (Germánico). El ilustre guerrero.
Beltrán (Germánico). Que lleva un escudo refulgente o cuervo brillante.
Ben (hebreo). El hijo.
Benaiá. (Hebreo). Dios ha construido
Benedicto (Latín). El bendito.
Beniamino: forma Italiana de **Benjamín**
Benicio (Latín). Amigo de cabalgar.
Benigno (Latín). El pródigo, el que hace el bien.
Benito. (Latín). Variante de **Benedicto** bendito.

Benjamín. (Hebreo). Hijo de la derecha **Biniamín**
Berhanu: (Etiopía, Africano) "su luz."
Bernabé (Hebreo). Hijo de la profecía.
Bernardino. Variante de **Bernardo**
Bernardo (Germánico). Temerario como un oso.
Bertoldo (Germánico). El jefe espléndido.
Bertrán. Variante de **Beltrán**
Bertrand: Francés, inteligente
Bertrando, Brando: forma Italiana de **Bertrand**
Betel. (Hebreo). Casa de Dios
Bilal: (norte de África), "hombre negro."
Blas (Griego). El que balbucea, tartamudo.
Boaz. (Hebreo). Ligero. Ágil. **Booz**
Bobo: (Ghana, África) nacido un día martes
Bogdashka, bohdan (Ruso) Regalo De Dios.
Bolodenka (Ruso).Tranquilo.
Bomani: Egipcio,   guerrero
Bonifacio (Latín). El que hace bien a todos.
Borya, Boryenka, Boris: (Ruso) Combatiente**.**
Braulio (Germánico). El que resplandece.
Brencis (Ruso). Forma Rusa De **Stephen** . Coronado con laureles.
Brian (celta). El fuerte.
Brice: Francés, que viene de Brieuxtown
Brody (Ruso). Que viene de Brody.
Bruce, Brys: Francés, que viene de brys
Brunelle: Francés, pelo negro
Bruno (Germano) moreno, brillante.
Buenaventura (Latín). El que augura alegría.
Burian (Ruso). Vive cerca de las hierbas.
Burkett, Burcet: Francés, que viene de stronghold
Burnell, Burel: Francés, pelo marrón
Burrell: Francés, piel marrón
Buz. (Hebreo). Rebeldía. Desprecio.
Bwana: (kiswahili y swahili, de África) Caballero
Byron (anglosajón) oso.
Buiron: Francés, que viene del campo

C

Caín. (Hebreo). Adquirido

Cainán. (Hebreo). Herrero

Caleb (Hebreo). Audaz, perro

Calígula (Latín). Que lleva sandalias.

Calixto (Griego). El mejor y el más bello.

Calvino: Italiano, calvo

Camara: (oeste de África) profesor

Camilo (Latín) que está presente en Dios, que prepara el sacrificio.

Campbell: Francés, que viene de los hermosos campos

Cándido (Latín). El puro, ser resplandeciente.

Carim (árabe). Generoso.

Carlino, Carlo: Italiano, variante de Carlos.

Carlos (Germánico). Fuerte, varonil, hombre viejo.

Carmelo (Hebreo). El que es como una espiga tierna.

Casandro (Griego). El hermano del héroe.

Caseareo, Ceasario, Cesare: Italiano, pelo largo

Casiano (Latín). Que va provisto de yelmo.

Casildo (árabe). El mancebo que lleva la lanza.

Casimiro (eslavo). Aquel que predica la paz.

Casio. Cazador con red

Cástor (Griego). Brillante.

Catón (Latín). El ingenioso.

Cátulo. Variante de **Catón**

Cayetano (Latín). El que es natural de Gaeta (antigua ciudad de Italia de la región del Lacio).

Cayo. Alegría de padres.

Cecilio: Italiano, ciego

Cefas. (Hebreo). Piedra (en arameo)

Ceferino (Griego). El que acaricia como el viento, como el Céfiro).

Celedonio (Latín). Es como la golondrina.

Celso (Latín). Alto, elevado, noble.

César (Latín). Tiene dos etimologías posibles: "El que fue separado del vientre de su madre", y "de cabello largo y abundante". viene de **Cesáreo**.

Cesáreo (Latín) el que nace abierta la madre, hombre de larga cabellera.

Cesario (Latín). Seguidor del César.

Chafulumisa: Egipcio, rápido

Chandler, Chanler: Francés, fabricador de velas

Chapin: Francés, clerigo

Chappell, Chappel: Francés, que viene de la capilla

Charif (Libanés) honesto

Chatha: Egipcio, final

Chatuluka: Egipcio, desviarse

Chauki (Libanés) mis anhelos

Cheikh: (guinea) aprender

Cheney: Francés, que viene del roble

Chenzira: Egipcio, nacido en un viaje

Cheops: Egipcio, nombre del faraón

Cheslav (Ruso). Vive en un fuerte campo

Chike: Egipcio, poder de Dios

Chinua: (ibo de Nigeria) Dios es nuestra bendición

Chisisi: Egipcio, secreto

Christian (Griego y Latín) seguidor de Cristo.

Christien, Cretien: Francés, Cristiano

Chucri (Libanés) mi gracia

Chuma: Egipcio, rico

Cicerón (Latín). El que planta garbanzos.

Cid (árabe). El señor.

Cipriano (Griego). De Chipre o el consagrado a Venus.

Ciríaco (Griego). Que pertenece al Señor.

Cirilo (Griego) señorial, que significa el gran rey.

Ciro (Griego). Sol.

Claudio (Latín). "cojo".

Claus. Variante de **Claudio**

Clemente (Latín). El que es compasivo y moderado en su trato.

Cleofás (Esclarecido por su gloria)

Clodomiro (Germánico). El de ilustre fama.

Colombo (Paloma),

Cono (Mapuche) paloma torcaz (Nombre aborigen)

Conrado (Germánico). El que da consejos, el valiente.

Constancio (Latín). El perseverante.

Constantino. Variante de **Constancio**

Cori (Qechua) oro

Cornelio (Latín). El que toca el cuerno en la batalla.

Corrado, Corradeo: Italiano, audaz

Cosme (Griego). El adornado.

Courtland, Courtney, Court, Curt, Courtnay, Cort: Francés, que viene de la corte

Crisólogo (Griego). El que da consejos que son como el oro.

Crisóstomo (Griego). Da consejos valiosos.

Cristián o Christian (Latín). **Cristiano**, el que sigue a Cristo.

Cristóbal (Griego). El que lleva a Cristo consigo.

Cristoforo forma Italiana de **Christopher, Cristobal**
Curtis, Curtice, Curcio: Francés, cortés
Cusi (Qechua) alegría (Nombre aborigen)

D

Dabir: popularen el norte de África, profesor, secretario
Dacio (de Dacia)
Dagoberto (Germánico). Que resplandece como el sol.
Dakarai: Egipcio, Feliz
Dalmacio (Latín). Oriundo de Dalmacia (región occidental de los Balcanes).
Dalmar: (Somalia) "versatil."
Dalmiro (Germánico). El ilustre por su nobleza.
Dámaso (Griego). El hábil domador.
Damián (Griego). El que surgió del pueblo.
Damocles (Griego). Da gloria a su pueblo.
Dan (Hebreo). El que sabe juzgar.
Daniachew: (Etiopía) "serás Juzgado"
Daniel (Hebreo). Dios es mi juez.
Daniele: forma Italiana de **Daniel**
Danilo. Variante eslava de **Daniel**. que significa justicia de Dios.
Danso: (ghana) Fiable
Dante (Latín). El de carácter firme.
Danya (Ruso). Regalo De Dios.
Darcy, D'arcy: Francés, que viene de arcy
Dardo (Griego). Astuto y hábil.
Daren: Oeste de África, nacido de noche
Darío (persa). El que protege contra el mal.
Darwishi: Egipcio, santo
Davet: Francés, amado
David (Hebreo). Comandante (heb. Antiguo); Amado por Dios.
Davide: forma Italiana de **David**
Dawit: (Etiopía, Africano) amado
Delaiá. (Hebreo). Dios ha liberado
Delfín (Latín). El juguetón.
Delmar, Delmer: Francés, marinero
Demetrio (Griego) el que ama la tierra. Forma masculina de Demetria
Demián. Variante de **Damián**
Demissie: (Etiopía, Africano) "destructor."
Demócrito (Griego). El juez del pueblo.
Demóstenes (Griego). La fuerza del pueblo.
Denis. Forma francesa de Dionisio
Deniska (Ruso). Seguidos de Dionisio.

Deodato (Latín). Dado por Dios.
Desiderio (Latín). El que es deseado.
Desire, Didier: Francés, deseo
Desta: (Etiopia, Africano) "felicidad."
Dexter Francés. Diestro
Día: (oeste de África) "campeón."
Didier. Forma francesa de Desiderio
Diego (Griego). Suplantador, el que engaña. Variante de **Jacob, Jacobo, Jaime, Santiago**.
Diji: (ibo de Nigeria, Africano)"granjero."
Dima (Ruso). Fuerte Luchador
Dimas *(*Moribundo*)*
Dimitri (Ruso). Que Viene de Demeter
Dino (Hebreo). Justiciero
Diógenes (Griego). El que vino al mundo por Dios.
Dionisio (Griego). El que se consagra a Dios en la adversidad.
Dióscoro (Griego). El hijo de Júpiter.
Domiciano. Variante de **Domicio**
Domicio (Latín). El amante de su casa.
Domingo (Latín). Que es del Señor.
Donatello, Donato: Italiano, regalo
Donatien: Francés, regalo
Donato (Latín). Don de Dios.
Donkor: Egipcio, humilde
Dorcas (Hebreo). Gacela
Doroteo (Griego). Regalo de Dios.
Duilio (Latín). Listo para combatir.
Dzigbode: (ewe de Ghana, Africano "paciencia."

E

Eabrizio: Italiano, artesano

Eabroni: Italiano, herrero

Ebenezer. (Hebreo). Piedra de ayuda

Éber (bíblico) es el hombre de quien proceden los Hebreos y los arameos de Yoqtán.

Eberardo (Germánico). Fuerte como un oso.

Ebo: Egipcio, nacido un martes

Edelmar. Variante de **Adelmo**

Edelmiro (Germánico). Célebre por la nobleza que representa.

Edgar (Germano) que defiende sus dominios con la lanza. Forma reducida de **Edgardo**

Edgardo (Germánico). Que defiende la propiedad con la lanza.

Edik, **Eduard** (Ruso). Rico Protector.

Edipo (Griego). Que tiene los pies hinchados.

Edmondo: forma Italiana de **Edmundo**

Edmundo (Germánico). El que protege sus dominios.

Eduardo (Germánico). Guardián de sus riquezas.

Effiom: (efik de Nigeria, Africano) "crocodrilo."

Efraim. (Hebreo). Fructífero

Efrén (Hebreo) el que es abundante en frutos. Variante de **Efraín**

Egidio (Griego). El que transporta en la batalla el escudo de piel de cabra.

Egisto (Griego). Criado con leche de cabra.

Egor (Ruso). Forma Rusa De **George**. Famoso.

Eladio (Griego). El que vino de Grecia.

Elbio (celta). Que viene de la montaña.

Eleazar (Hebreo). Dios es mi auxilio.

Elenio (Griego). El que resplandece como el sol.

Eleodoro (Griego). El que viene del sol.

Eleuterio (Griego). Que goza de libertad por lo honesto.

Eliahu. (Hebreo). Mi Dios es Yah, **Elijah**, **Elías**

Elías (Hebreo). Mi Dios es Jehová.

Eliezer. (Hebreo). Dios es mi auxilio.

Elifelet. (Hebreo). Dios es mi liberación

Eligio (Latín). El elegido por Dios.

Elihú. (Hebreo). Él es mi Dios

Elimu: (kiswahili, Africano) "conocimiento."

Elio (Latín). El que ama el aire.

Eliot, Eliott, Elliot: Creyente de Dios

Eliseo (Hebreo). Dios salva o da salud.

Eliud. (Hebreo). Mi Dios es estupendo

Elmer. Variante de **Edelmiro**

Elmo: Italiano, digno de ser amado

Eloy. Francés. Variante de **Eligio**

Elpidio (Griego). El que tiene esperanzas.

Eluney (Mapuche) regalo (Nombre aborigen)

Elvio (Latín). El que es rubio.

Emanuel. (Hebreo). Dios está con nosotros **Imanuel**

Emeterio (Griego). El que merece cariño.

Emiliano (Latín) variante de **Emilen**, que significa trabajador, laborioso. Variante de **Emilio**

Emilio Latín, Tiene varios probables significados: "amable, afable, gracioso, cortés"; "émulo, rival"; "hinchado, tumido, inflado".

Emir (árabe). Jefe, comandante.

Emmanuele: forma Italiana de **Emmanuel**

Enea: Italiano, nacido noveno

Eneas (Griego). Digno de alabanza.

Enoc (Hebreo). Seguidor o Educado

Enrico, Enzo: forma Italiana de **Henry**

Enrique (Germánico). Rico en fincas, Jefe de la casa.

Enzo. Forma reducida de nombres como **Vicenzo y Lorenzo**

Epicuro (Griego). El que socorre y auxilia.

Epifanio (Griego). El que despide brillantez por su ilustración.

Erán. (Hebreo). Vigilante

Erasmo (Griego). Amable con todos.

Erasto: (este de África) "Hombre de paz."

Eric (antiguo nórdico) Gobernante. Forma reducida de **Erico**

Erico (Germánico). El príncipe homenajeado por todos.

Ermanno: forma Italiana de **Herman**

Ernesto (Germánico). Severo, decidido.

Eros (Griego). Amor (erótico).

Erwin (Germánico). El que es consecuente con los honores.

Esau (Hebreo). Rojo, velloso.

Esav. (Hebreo). Peludo **Esaú**

Esculapio (Griego). El médico.

Esdrás. (Hebreo). Ayuda **Ezrá**

Esiquio (Alma buena)

Esopo (Griego). Que da buena suerte.

Espartaco (Griego). El que siembra.

Essien: (ghana, Africano) Nacido sexto

Estanislao (eslavo). La gloria de su pueblo.

Este: Italiano, Que viene del este

Esteban (Griego). Coronado de laurel.

Etel (Germánico). Noble

Ethán. (Hebreo). Sólido. Cauce.

Etienne: Francés, forma de **Stephen**

Ettore: Italiano, Fiel

Euclides (Griego). De buena reputación.

Eudoxio (Griego). Del que bien se piensa

Eufrasio (Griego). Regocijante

Eugenio (Griego). El de noble nacimiento.

Euladio (Griego) el que es piadoso; elocuente al hablar; forma masculina de **Euladía**.

Eulalio (Griego). Elocuente al hablar.

Eulogio (Griego). Que dice bien, que es elocuente al hablar.

Eusebio (Griego). De buenos sentimientos.

Eustacio o Eustasio (Griego). Sano y fuerte.

Eustaquio (Griego). El que tiene muchas espigas de trigo.

Evaristo (Griego). El excelente.

velio (Hebreo). El que da vida.

Everardo (antiguo inglés) fuerte y valiente como el jabalí.

Evgenii: (Ruso). Forma Rusa De **Eugene** (Noble)

Eyén (Araucano). Allá.

Ezequías. (Hebreo). Dios es mi fuerza **Jizkiá**

Ezequiel. (Hebreo). Dios dará fuerza **Iejezkel Yekhgezgel**

Ezra (Hebreo). Fuerza

F

Fabián. Variante de Fabio

Fabio o Favio (Latín). El cultivador de habas.

Fabio, Fabiano: Forma Italiana de **Fabian**

Fabiyan, Fabi (Ruso). Forma Rusa de **Fabián**

Fabricio (Latín). El hijo del artesano.

Facundo (Latín). El que dice discursos que convencen, fecundo.

Fadeyka, Fadey, Faddei (Ruso). Valiente.

Fadi (Libanés) redentor

Fadil: Egipcio, generoso

Faraji: (swahili Africano) consolación

Fares (Libanés) caballero

Farid (Libanés) único

Faust, Fausto, Felicio: Italiano, suertudo

Fausto (Latín). Feliz, afortunado, próspero.

Favio (Latín) el cultivador de habas.

Febo (Latín). El que brilla, el que resplandece.

Federico (Germánico). Caudillo de la paz, jefe pacífico.

Fedor, Fedya, Fyodor, Fedyenka (Ruso). Regalo De Dios

Fedor. Forma eslava de **Teodoro**

Fedro (Griego). El hombre espléndido.

Fedyenka, Fyodor (Ruso). Forma Rusa de **Theodore** Regalo De Dios

Feliciano. Variante de **Félix**

Feliks (Ruso). Forma Rusa de **Felix**. Suerte.

Felipe (Griego). Amigo de los caballos.

Félix (Latín). Dichoso, afortunado.

Fenuku: Egipcio, nacido tarde

Fenyang: Egipcio, conquistador

Ferdinando: forma Italiana de **Ferdinand**

Fermín (Latín). El que es constante y firme.

Fernán. Forma reducida de **Fernando**

Fernando (Germánico). Protector, osado, atrevido o guerrero audaz.

Fidel (Latín). Fiel, que es digno de confianza.

Fidelio: Italiano, fidelidad

Filiberto (Germánico). Que tiene brillo.

Filip (Ruso). Forma Rusa de **Philip**. Amor Por Los Caballos.

Filippo, Filippio: forma Italiana de **Philip**

Fiorello: Italiano, pequeñas flores

Flavio (Latín). Perteneciente a la familia romana Flavia (de los rubios).

Fletcher: Francés, Flecha

Floreal (Latín). Alude al octavo mes del calendario de la Revolución Francesa.

Florencio (Latín). El que es bello como las flores y derrama su perfume.

Florián (Latín). Fructífero.

Florio. Variante de **Florián.**

Florus: Francés, flores

Fodjour: (akan de Ghana Africano) cuarto nacimiento

Foma (Ruso). Gemelo.

Forrest: Francés, que viene de la madera

Fortun, **Fortune**: Francés, Suerte, afortunado

Fortunato (Latín). El afortunado.

Fouad o **Fuad** (Libanés) corazón

Francesco: forma Italiana de **Francisco**

Francis. Forma reducida de **Francisco**

Francisco (Germánico). El que lleva la lanza, hombre libre, o procedente de Francia.

Franco (Germano) libre.

Frank. Forma reducida de **Franco**

Fredek (Ruso). Forma Rusa de **Frederick**

Froilán (Germánico). Señor y amo.

Fructuoso (Latín). Que da muchos frutos.

Fulgencio (Latín). El que brilla y resplandece por su bondad.

Fulvio (Latín). El de cabellos rojizos.

Funsani: Egipcio, Petición

Fynn: (version de ghana Africano), Después del río.

Fyodor: (Ruso) Regalo Divino.

G

Gabino (Latín). El que viene de Gabio (antigua región cercana a Roma).

Gabriel (Hebreo). La fuerza y el poder de Dios.

Gabriele: forma Italiana de **Gabriel**

Gad. (Hebreo). Fortuna

Gadiel. (Hebreo). Mi fortuna es Dios

Gaetan: Francés, que viene de gaete

Gahiji: Egipcio, cazador

Galileo (Hebreo). El que viene de Galilea.

Galo Latín, "originario de la Galia".

Gamaliel. (Hebreo). Mi bendición viene de Dios **Gamliel.**

Gandolfo (Germánico). Valiente guerrero.

Garai: Egipcio, estable

García (vasco). El oso del llano.

Garcilaso. Variante de **García (**Garza pequeña)

Garibaldo (Germánico). El audaz con la lanza.

Garland: Francés, coronado

Gaspar, Gaspard: Francés, forma de **Caspar** guardián del tesoro

Gastón (francés) proveniente de las vascongadas, el extranjero, el huésped.

Gaudencio (Latín). El que está alegre y contento.

Gauthier, Gautier: Francés, forma de **Walter** Guerrero fuerte

Gavril, Ganya, Gav, Gavrel, Gavrilovich: (Ruso) Adoración A Dios

Geb Egipcio, Dios Tierra

Genaro o Jenaro (Latín). Nacido el primer mes del año, enero.

Geoffrey: Francés, Paz

Georgio, Giorgio: forma Italiana de **George, Jorge**

Geraldo. Variante de **Gerardo**

Gerardo (Germánico). Noble por la lanza.

Germán (Germánico). Hombre guerrero.

Germinal (Latín). Que echa brotes.

Geronimo, Geremia: forma Italiana de **Jerome**

Gershom. (Hebreo). Extranjero

Gershón. (Hebreo). Expulsión

Gervasio (Germánico). El que tiene la lanza y el poder.

Gesualdo (Germánico). El prisionero del rey.

Getachew: (amharic Africano) "Su maestro."

Geteye: (amharic Africano) "Mi maestro"

Getulio (Latín). El que vino de Getulia (comarca del norte de África).

Ghedi: (Somalia Africano) "Viajero."

Gian, Giovanni: forma Italiana de **John, Juan**

Giancarlo: mezcla de los nombres Juan y Carlos.

Gifford, Guifford: Francés, Mejilla rechoncha

Gil. Variante de **Egidio** (Ver).

Gilberto (Germánico). El que brilla con su espada en la batalla.

Gildardo (Germano) Audaz, valiente.

Gill, Gil: Francés, forma de **Julius**

Gino: forma Italiana de **Louis, Luis**

Giorgio: forma Italiana de **George, Jorge**

Giovanni: Italiano Regalo de Dios

Giuliano, Giulio: Italiano, Juvenil

Giuseppe: Italiano. Variacion de José.

Godofredo (Germánico). Que vive en la paz que da el Señor.

Gogo: (Africano) "Como un abuelo"

Gomer. (Hebreo). Completo

Gonzalo (Germánico). Salvado en el combate.

Gotardo (Germánico). El que es valiente por la fuerza que recibe de Dios.

Gracián (Latín). Que posee la gracia.

Granville, Grenville: Francés, Que viene de la gran ciudad

Gregorio (Latín). El que vigila sobre su grey.

Grisha, Grigori, Grigorii: (Ruso). Vigilante

Grosvenor: Francés, Gran cazador

Gualberto (Germánico). Tiene todo el poder y resplandece por él.

Gualterio (Germánico). Jefe del ejército.

Gualtiero, Galtero, Galterio: forma Italiana de **Walter**

Guglielmo: Italiano, Protector

Guideón. (Hebreo). Fiero **Gedeón**

Guido (Germánico). Guía, El hombre del bosque.

Guilead. (Hebreo). Monumento pétero

Guillermo (Germánico). Protector decidido, "decisión, voluntad" o "aquel a quien su voluntad sirve de protección".

Gumersindo (Germánico). El varón excelente.

Gustavo (Germánico). Que tiene el lugar del rey.

Guy: Francés, guía

Guzmán (Buen hombre)

Gyasi: Egipcio, hermoso

H

Habacuc. (Hebreo). Abrazo

Habib: (swahili Africano) Querido

Hagos: (tigrinya de Etiopía Africano) Felicidad

Haji: Egipcio, Nacido durante una peregrinación

Hakim: (amharic de tigrinya de Etiopía Africano) "Doctor"

Hakizimana: Egipcio, salvación de Dios

Ham. (Hebreo). Caliente

Hamadi: Egipcio, Elogio

Hamilton: Francés, Que viene de la montaña

Hani   (Libanés) Feliz

Hanif: (swahili Africano) Creyente

Hanisi: (swahili Africano) Nacido un Jueves

Hapi: Egipcio, Dios del Nilo

Harbin: Francés, guerrero glorioso

Haroldo (Germánico). El que domina la región con su ejército.

Hasani, Husani: Egipcio, Guapo

Hassan: (Africano) Primer nacido de gemelos

Heber (Hebreo). Que hace alianzas.

Heber. (Hebreo). Del otro lado **Eber**

Héctor (Griego) del Griego ektor: El que posee, el que protege, el que defiende.

Hedeon: (Ruso). Forma Rusa De **Gideon**

Heh: Egipcio, (Dios de lo inmensurable)

Helge: (Ruso). Santo

Heliodoro (Griego). Regalo de Dios.

Heráclito (Griego). Gloria de los héroes, que siente inclinación por lo sagrado.

Heraldo (Germánico). Rey de armas.

Heriberto (Germánico). Gloria del ejército que dirige.

Hermán (Germánico). El guerrero.

Hermenegildo (Germánico). El que ofrece sacrificios a Dios.

Hermes (Griego). El mensajero, el que anuncia.

Herminio (Germánico). El consagrado a Dios.

Hernán (Germánico). El guerrero audaz.

Hernando. Variante de **Fernando**

Herodes (Griego). El dragón del fuego.

Heródoto (Griego). El don sagrado.

Heru: Egipcio, (Dios solar)

Hervé (bretón). Activo en la batalla.

Higinio (Griego). El que tiene salud.

Hilario (Latín). Festivo y alegre.

Hilarión (Alegre)

Hillel. (Hebreo). Alabado

Hipólito (Griego). Que desata sus caballos y se apresta para la batalla.

Hiram. (Hebreo). Hermano exaltado (del fenicio)

Homero (Griego) el que no ve; también promesa o ruego.

Hondo: Egipcio, guerra

Honorato (Latín). Honrado, el que ha recibido grandes honores.

Honorio (Latín). Que merece altos honores.

Horacio (Latín). El consagrado a las divinidades mitológicas romanas (Horas).

Hortensio (Latín). El jardinero.

Horus: Egipcio, Dios del cielo

Hosea. (Hebreo). Salvación **Oséas, Hoshéa**

Huberto (Germánico). El de inteligencia aguda.

Huenu (Mapuche) cielo (Nombre aborigen)

Hugh: Francés, Inteligente

Hugo (Germánico). El que tiene espíritu e inteligencia.

Huldá. (Hebreo). Comadreja **Juldá**

Humberto (Germánico). Distinguido y brillante.

Husani: (swahili Africano) Hermoso

Hussein (Libanés) Hermoso, guapo

I

Iadón. (Hebreo). Agradecido

Iajín. (Hebreo). Él establece

Ialeel. (Hebreo). A la espera de Dios

Iamín. (Hebreo). Mano derecha

Ian. Variante de **Juan**

Iazeel. (Hebreo). Aportes de Dios

Ibrahim (árabe) **Abraham**

Icabod. (Hebreo). Sin gloria. ¿Dónde está la gloria?

Idrissa: (Senegal y Gambia Africano) "Inmortal."

Iedidiá. (Hebreo). Amado de Jehová.

Iejiel. (Hebreo). Dios vive

Ignace: Francés, Fogoso

Ignacio (Latín). Ardiente, fogoso.

Igor. (Ruso)Variante rusa de **Gregorio** .

Igoryok, Igor: (Ruso). Granjero.

Iian variante de **Juan**.

Ildefonso (Germánico). El que es ágil para el combate.

Imanol. Forma vasca de **Manuel**

Inca (Qechua). Rey, príncipe o varón de estirpe real.

Indalecio (árabe). Igual al maestro.

Ini-herit: Egipcio, El que regresó de la distancia

Iniko: (efik y ibibo de Nigeria Africano) Nacido en tiempos difíciles

Innocenzio: Italiano, Inocente

Inocencio (Latín). El que no tiene mancha ni culpa.

Inti (aymara) Que es audaz (Nombre aborigen)

Iñaki. Variante vasca de **Ignacio**

Iñigo. Es una variante de **Ignacio**

Ioachime: (Ruso). Variante de **Ioakim**, Dios Juzgará.

Ioakim: (Ruso). Forma Rusa del Hebreo **Joachim**, Variantes, **Ioachime**.

Iojanán. (Hebreo). Dios es misericordioso **Jochanan, John, Juan, Joannes**

Iosef. (Hebreo). Dios agregue **Josheph, José**

Ireneo (Griego). El amante de la paz.

Irving (inglés) Mar amigo.

Isaac (Hebreo). Risa.

Isaiah. (Hebreo). Jehová es salvación **Ieshaiá, Isaías.**

Ishboshet. (Hebreo). Hombre de vergüenza **Ishbaal**

Ishmael. (Hebreo). Dios escuchó **Ismael**

Ishmerai. (Hebreo). Dios guarda

Isidoro (Griego). El regalo de Isis (antigua divinidad egipcia).
Isidro (Griego). Variante de **Isidoro**
Iskinder: (amharic de Etiopia Africano) version del Griego **Alexander**
Ismael (Hebreo). Dios oyó mis ruegos.
Israel (Hebreo). El que lucha contra Dios, Príncipe con Dios.
Issa: Egipcio, Salvación de Dios
Issachar. (Hebreo). Premiará **Isajar**, **Isacar**
Issmat (Libanés) El infalible
Italo (latín). Que vino de la tierra que está entre los mares.
Itamar (Hebreo). El que viene de la isla que tiene palmares.
Ithamat. (Hebreo). Isla de palmas **Itamar**
Itzjac. (Hebreo). Risa. Isaac, **Yitzhak**
Iván. Es la forma rusa de **Juan**
Iven: Francés, pequeño arquero

J

Jabari: Egipcio, Valiente
Jabel (Hebreo). Como el arroyo que fluye.
Jabín. (Hebreo). Entender
Jacinto (Griego). Alude a la flor del mismo nombre.
Jacob. Variante de **Jacobo**.
Jacobo (Hebreo). Suplantador, engañador.
Jacques, Jacquelin: Francés, forma de **Jacob**
Jacques. Forma francesa de **Jacobo**.
Jad o Yad (Libanés) Jade
Jafari: (swahili Africano) Arroyo
Jafet. (Hebreo). Expandido **Iafet, Japheth**
Jahi: (swahili Africano) Dignidad
Jaime. Variante de **Jacobo**.
Jair forma reducida de **Jairo**.
Jairo (Hebreo). El que fue iluminado.
Jaja: (ibo de Nigeria Africano) Regalo de Dios
Jaled o khaled Inmortal
Jalil (árabe) Amigo.
Janina. (Hebreo). Gracia
Jano (Griego). El que es brillante como el sol.
Jared. (Hebreo). Descendiente de Iared
Jasón (Griego) El que cura todas las enfermedades.
Javier: Francés, Casa nueva, nacido en enero
Javilá. (Hebreo). Banda de arena
Jawara: (Senegal y Gambia Africano) Paz y amor
Jazael. (Hebreo). Percibe a Dios
Jean: Francés, forma de **John**
Jefté. (Hebreo). Dios libera **Iftaj, Jephtah**
Jehová (Hebreo). Yo soy el que soy.
Jela: (swahili Africano) padre que ha sufrido durante el nacimiento
Jenaro (Latín) el consagrado al Dios Jano.
Jenofonte (Griego). El que viene de otro país y es elocuente.
Jeoffroi, Jeffrey: Francés, Paz divina
Jeremías. (Hebreo). Dios alza, **Irmiá, Yrmeyahu, Jeremy**
Jeremiel. (Hebreo). Dios me eleva, **Irmiel**
Jermija: (Ruso) Forma Rusa de **Jeremiah**
Jerónimo (Griego). El del nombre sagrado.
Jerusalén (Hebreo). Lugar de paz.
Jesabel o Jezabel (Hebreo). Juramento de Dios.

Jesé. (Hebreo). Posesión. Riqueza. Existente**. Jesse, Ishai, Ieshu, Jesús**
Jesualdo (Germánico). El que lleva la lanza de mando.
Jesús (Hebreo) **Yehoshúah**, que significa el salvador.
Jethró. (Hebreo). Excelencia **Itró**
Jimiyu: (luhya de Kenya Africano) Nacido durante la estación seca
Jjiri: (zezuru de Zimbabwe Africano) salvajes frutas del bosque.
Joab (Hebreo) Dios es mi padre, **Ioab**
Joachim. (Hebreo). Establecido por Dios, **Ioajim, Joaquín**
Joaquín (Hebreo). Al que Dios le da firmeza.
Job. (Hebreo). Perseguido, **Iyob**.
Joel (Hebreo). Jehová es Dios.
Jomo: (kenya Africano) Granjero
Jonás. (Hebreo). Paloma
Jonatan o Jonathan (Hebreo). Don de Dios.
Jordán (Hebreo). El regenerador, el purificador.
Jorge (Griego). Agricultor, el que trabaja la tierra.
Josafat (Hebreo). El juicio de Dios.
José (Hebreo). Añadidura.
Josías. (Hebreo). Dios salva
Josué. Variante de Jesús, Salvación de Jehová
Jotham. (Hebreo). Dios es recto **Iotam**
Jov: (Ruso). Que Viene de **Job**. Perseguido.
Juan (Hebreo) El que está lleno de la gracia de Dios.
Jubal. (Hebreo). Pequeña corriente Iubal
Judás. (Hebreo). Agradezco (reconozco) a Dios **Yehudá, Yehudah, Judá, Jude**
Julián (Latín) de la familia de Julio.
Julio (Griego). El que tiene el cabello crespo.
Juma: (swahili Africano) Nacido el viernes
Jumoke: Egipcio, Amado por todos
Jurg, Jeirgif: (Ruso). Forma Rusa de **George**
Justiniano. Derivado de **Justino**.
Justino. Variante de **Justo**.
Justo (Latín). Que obra con equidad.
Juvenal (Latín). El joven que necesita consejo.
Juventino variante de **Juven, Juvencio** Quien respeta la juventud.

K

Kafele: Egipcio, Digno de dar su vida.
Kalid (árabe). Que es inmortal.
Kalil. Variante de **Jalil**
Kamuzu: Egipcio, Médico
Kaphiri: Egipcio, Colina
Kareb (Danes). Pura inmaculada.
Karel, Karl, Kaarlo, Kalle, Kaarle, Karlis, Kalman, Karoly, Kari, Karcsi,
Karlens, Karlitis: Francés, fuerte y masculino
Karim (árabe) El honorable, el generoso.
Karolek, Karol: (Ruso). Fuerte.
Kasiya: Egipcio, Partida
Kazemde: Egipcio, Embajador
Kek: Egipcio, Dios de la oscuridad
Kenán. (Hebreo). Adquirir
Kenaniá. (Hebreo). Dios establece
Kerman: Francés, **German**
Kevin (Irlandés). Nacimiento gentil, bello.
Khafra: Egipcio, Fino
Khaldun, khalid: Egipcio, Inmortal
Khnum: Egipcio, Sol naciente
Kim (anglosajón). Que viene de una fortaleza.
Kiryl, Kiril: (Ruso). Noble
Kolenka, Kolya: (Ruso). Conquistador
Kontar: Egipcio, Hijo único
Kosey: Egipcio, León
Kostenka, Kostya, Konstantine: (Ruso). Constante

L

Labán. (Hebreo). Blanco
Labib (Libanés) Inteligente
Ladislao (eslavo). El que gobierna con gloria.
Lamech. (Hebreo). Empequeñecer **Lamej**
Lance, Lancelot, Launcelot, Lancelin: Francés, Sirviente
Landers, Landis: Francés, Que viene de la llanura
Landolfo (Germánico). Hábil como un lobo en la ciudad.
Lateef: Egipcio, Tierno
Latimer: Francés, Dilucidar latin
Laureano. Derivado de **Lauro** .
Laurentij: (Ruso). Forma Rusa de **Lawrence** . Laurel
Lauro (Latín). Triunfador. Digno de laurel.
Lautaro (Araucano). Osado y emprendedor.
Lázaro (Hebreo). Dios es mi ayuda.
Leal: Francés, Fiel
Leandro (Griego). Hombre calmo, sereno.
Legget: Francés, Delegado
Lelio (Latín). El que es locuaz.
Lemuel. (Hebreo). Perteneciente a Dios
Leo. Forma reducida de **Leonardo**.
Leobardo (Germánico) Intrépido entre su gente.
Leocadio (Griego). El que resplandece por su blancura.
Leonardo (Latín). León fuerte.
Leoncio (Griego) Como un león.
Leonel. Variante de **León.**
Leonelo. Variante de **Leonel .**
Leónidas. Variante de **León.**
Leonide, Lenya, Lyonechka, Levushka, Levka, Lyonya, Lev, Levka: (Ruso). León
Leonides. Variante de **Leónidas** .
Leopoldo (Germánico). Valiente en el ejército o defensor de su pueblo.
Leroy: Francés, El rey o regio
Leuco (Griego). El luminoso.
Leverett, Leveret: Francés, conejo joven
Levi (Hebreo). El lazo entre los suyos.
Liber (Latín). El que derrama abundancia.
Liberal (Latín). El amante de la libertad.
Liberato (Latín). El liberado.

Liborio (Latín). Que vino o nació en Líbora (España).
Licurgo (Griego). Ahuyentador de lobos.
Lihue (Araucano). Vida, existencia.
Lino (Griego). El que teje el lino.
Lisandro (Griego). Libertador de hombres.
Lisimba: Egipcio, León
Lisístrato (Griego). El que lucha por el ejército libertador.
Livio (Latín). Perteneciente a la noble familia romana Libia (del color del olivo).
Lorenzo (Latín). El coronado de laureles, el victorioso.
Loring: Francés, Que viene de Lorraine
Lot (Hebreo). El de rostro cubierto. Envuelto, oculto.
Lotario (Germánico). El guerrero ilustre.
Lothair: Francés, Luchador
Louis: Francés, Famoso guerrero
Lowell, Lovell, Lowe, Louvel: Francés, Pequeño lobo
Loyal: Francés, Verdad
Lucas (Latín). Resplandeciente como la luz.
Luciano, Lucan, Lucio, Lucca: Forma Italiana de Lucio
Lucio (Latín). Nacido a la luz del día.
Ludovico (Germánico). El guerrero famoso.
Luigi: Italiano, Famoso guerrero
Luis (Germánico). Famoso en la guerra o guerrero glorioso.
Lukasha, Lukyan, Luka: (Ruso). Forma Rusa de **Lucas**. Luz
Lukman: Egipcio, Profeta
Luzige: Egipcio, Langosta
Lyle, Lisle: Francés, Que viene de la isla

M

Macabeo (Hebreo). Conforma las cuatro sílabas iniciales de la frase "¿Quién como tú entre los Dioses, oh Jehová?" (en Hebreo: Mem, Caph, Beth, Iod).

Macario (Griego). Dichoso o bienaventurado.

Macedonio (Griego). El que triunfa y se engrandece.

Maceo: Italiano, Regalo de Dios

Mahlá. (Hebreo). Enfermedad **Majlá, Majalá**

Mahlí. (Hebreo). Astuto **Majalí**

Mainque (Mapuche) Cóndor (Nombre aborigen)

Maks, Maksimillian: (Ruso). Genial

Malají. (Hebreo). Mi mesanjero **Malaquías**

Malaquías (Hebreo). El mensajero de Dios.

Malco (Hebreo). El que es como un rey.

Mallory, Mailhairer: Francés, Infortunado

Mampu (Araucano). Caricia, mimo.

Mandel, Mantel: Francés, Modisto

Manfredo (Germánico). Que tiene poder para salvaguardar la paz.

Manlio (Latín). El que nació por la mañana.

Manu: Egipcio, Segundo nacimiento

Manuel (Hebreo). Dios está con nosotros.

Manville, Manneville: Francés, Que viene del gran estado

Manzur (árabe). El vencedor.

Marc. Forma reducida de **Marcos**

Marcelino. Variante de **Marcelo .**

Marcelo (Latín). Diminutivo de **Marcos** proviene de "mar" y "cielo".

Marcial Latín, *Martialis*, adjetivo de *Mars*, o sea **Marte** (véase). Marcial es el que pertenece a Marte, "el hombre marcial, el guerrero". Véase **Marcio, Martín, Marcos**.

Marcial. Variante de **Marcio**.

Marcio (Latín). Nacido en marzo o consagrado al Dios Marte.

Marco (Italiano) Luchador que no se fatiga.

Marcos (Latín) posiblemente derivado del Dios Marte. El que trabaja con el martillo.

Mariano (Latín) Consagrado o perteneciente a la virgen María.

Marino (Latín). El que ama el mar.

Marino Latín, *Marinus*, "Marino", es decir, "perteneciente al mar".

Mario (Latín) Hombre apuesto, gallardo, varonil.

Marón (árabe). El santo varón.

Marshall, Marshal, Marsh: Francés, Auxillar
Martín (Latín) Guerrero único.
Martín (Latín). Hombre genial, belicoso, guerrero.
Martiniano. Variante de **Martino**
Martino (Latín). Nacido el día martes.
Maskini: Egipcio, Pobre
Mason, Masson: Francés, Trabajador de rocas
Masud: Egipcio, Suerte
Matán. (Hebreo). Regalo
Mateo (Hebreo) variación de **Matt, Mathew** que significa Don de Dios.
Matías. Variante de **Mateo** Don de Dios.
Matitiahu. (Hebreo). Dado por Dios **Matías, Mateo**
Matsimela: Egipcio, Raíz
Matvey, Motka, Matyash: (Ruso). Regalo De Dios.
Mauricio (francés/Latín) Morisco, oscuro. Variante de **Mauro**
Maurizio: forma Italiana de **Maurice, Mauricio**
Mauro (Latín). Uno de sus significados es "de tez morena"; otro, "moro, nativo de Mauritania, Africa".
Max. Forma reducida de **Máximo**
Maximiano. Variante de **Máximo**
Maximiliano (Latín) forma compuesta por **Máximo y Emiliano** que significan "el mayor de todos" y "el trabajador audaz", respectivamente.
Maximino. Variante de **Maximiano**.
Máximo (Latín). El mayor de todos.
Mayhew, Mahieu: Francés, Regalo de Dios
Mbizi: Egipcio, Agua
Medardo (sajón) Que merece ser honrado, distinguido, premiado.
Melchor (Hebreo). El rey de la luz.
Melecio (Griego). Cuidadoso y atento.
Melibeo (Griego). El que cuida de los bueyes.
Melitón (Griego). Nacido en Malta.
Melquíades (Hebreo). El rey de Dios.
Memphis: Egipcio, Buen lugar para vivir
Menajem. (Hebreo). Consolador
Menandro (Griego). El que permanece como hombre.
Menashé. (Hebreo). Permite olvidar **Manasés**
Mensah: Egipcio, Tercer nacido
Mentor (Griego). El maestro.
Mercer: Francés, Comerciante
Mercurio (latín). El que atiende los negocios.
Merle: Francés, Mirlo
Merlin, Merlion: Francés, Halcón
Meshulam. (Hebreo). Pagado

Metushelaj. (Hebreo). El enviado **Matusalén**

Micael. Variante de **Miguel**.

Michael versión Inglésa de **Miguel**, que significa Dios es justo e incomparable.

Michel (francés) Semejante a Dios. Forma francesa de **Miguel**.

Michel, Michele: francés, forma de **Michael**

Michelangelo: forma Italiana de **Miguel Angel**

Michele, Michel: forma Italiana de **Michael, Miguel**

Midas (Griego). El pasajero y admirable empresario.

Miguel (Hebreo). ¿Quién es como Dios?

Mijá. (Hebreo).¿Quién como Jehová? **Miquéas**

Mijael. (Hebreo).¿Quién como Dios? **Michael, Miguel**

Mijaiá. (Hebreo).¿Quién es como Jehová? **Micaías**

Mikizli (náhuatl) El descanso después de la labor.

Milcíades (Griego). El de tez roja.

Millard: Francés, Fuerte

Milton (inglés). El que viene del pueblo de la molienda.

Minkah: egipcio, justicia

Mishenka, Mishe, Misha, Mikhail: (Ruso). Forma Rusa de **Michael**

Modesto (latín). Templado, honesto, moderado.

Mohamed (árabe). El digno de ser alabado.

Moisés (egipcio). El salvado de las aguas.

Montague, Montaigu: Francés, Que viene de la colina

Mordejai. (Hebreo). Arrepentimiento, amargo, magulladura, **Mardoqueo**

Morfeo (Griego). El que hace ver hermosas figuras.

Mosegi: Egipcio, Sastre

Moshé. (Hebreo). Hijo. Extraído del agua. **Moisés, Moses**

Mosi: Egipcio, Primer nacimiento

Moswen: Egipcio, Piel clara

Msamaki: Egipcio, Pescado

Msrah: Egipcio, Sexto nacimiento

Mukhwana: Egipcio, Gemelos

Munir (árabe). Es como una fuente de luz.

Munir (Libanés) Luminoso

Muslim: Egipcio, Creyente

Mustafá (turco). El elegido.

N

Nabor (Hebreo). La luz del profeta.

Nabucodonosor (caldeo). El Dios protege mi reinado.

Nader (Libanés) Del cual existen pocos

Nadim (Libanés) Buen conversador

Nadir (árabe). El opuesto.

Naeem: Egipcio, Benevolente

Naftalí. (Hebreo). Luchador **Nephtali**

Nahuel (Araucano). El tigre.

Nahum. (Hebreo). Confortador

Naim (Libanés) Paraíso

Najja: Egipcio Nacido después

Najor. (Hebreo). Resoplar **Nacor**

Napoleón (Griego). El que viene de la nueva ciudad (Nápoles). Otro significado es "el león del valle".

Narciso (Griego). El que está durmiendo.

Natal (latín). Nacido.

Natalio. Variante de **Natal**

Natán. (Hebreo). Dado, regalado.

Natanael (Hebreo). Don de Dios.

Nataniel. Variante de **Natanael**.

Nathanael. (Hebreo). Regalo del Dios **Nathaniel**, **Netaniel**

Nayi (Libanés) Salvado

Nazaret o Nazareth (Hebreo). Brote florido.

Nazario (Hebreo). Flor, botón, corona

Neb-er-tcher Egipcio, Dios del universo

Neftalí (Hebreo). Al que Dios ayuda en su lucha.

Nehemías. (Hebreo). Confortado por Dios **Nejemiá**

Nehuén (Araucano). Fuerte.

Nelson (celta). El hijo de Neil.

Nemesio (Griego). Justiciero, el que hace justicia distribuyendo los bienes.

Neptuno (Griego). El Dios del mar.

Nereo (Griego). El que manda en el mar.

Neriá. (Hebreo). Luz de Dios

Nerón (latín). Muy fuerte e intrépido.

Néstor (Griego) Viajero, un líder Griego que contribuyó con sus sabios consejos a la victoria Griego sobre los troyanos.

Neville, Neuveville: Francés, que viene de la nueva ciudad

Neyén (Araucano). Respiro, soplo suave de animal.

Ngozi: Egipcio, bendición

Nicandro (Griego) vencedor de los hombres.

Nicanor (latín). El conquistador victorioso.

Nicasio (Griego). El vencedor.

Nicéforo (Griego). El que lleva la victoria.

Nicodemo *(vencedor del pueblo)*

Nicolai, Nikita: (Ruso). Forma Rusa de **Nicholas** Victoria de Los Pueblos.

Nicolás (Griego). Victorioso en el pueblo.

Nicomedes (Griego). El que prepara las victorias, que piensa en la victoria.

Nidal: (árabe) Lucha

Nizam: Egipcio, Disciplinado

Nkosi: egipcio, Regla

Nkrumah: Egipcio, Noveno nacimiento

Noaj. (Hebreo). Descanso, el que ha recibido consuelo. **Noé, Noah**

Nolasco (Hebreo). El que parte y deja promesas.

Norberto (Germánico). El resplandor que viene del norte.

Normand, Norman, Norm: Francés, Que viene del norte

Normando. Variante de **Norman**

Norris, Norice, Noreis: Francés, Conserje

Nouel: francés, Almendra

Numa (Griego). El que da normas.

Nun: Egipcio, Dios del océano

Nuru: Egipcio, Nacido durante el día

O

Oba: Egipcio, Rey
Obadiá. (Hebreo). Siervo de Dios
Octave: Francés, Octavo nacimiento
Octavio (Latín) El octavo hijo.
Odion: Egipcio, Gemelos
Odon (Germánico). Superior de muchos, fuerte por su riqueza.
Ofrá. (Hebreo). Cervatillo **Ophrah**
Okpara: egipcio, Quinto nacimiento
Olaf (Germánico). El glorioso.
Oleg, Olezka: (Ruso). Santo
Olegario (Germánico). El que domina con su fuerza y con su lanza.
Oliver. Forma Inglésa de **Oliverio**
Oliverio (Latín). Que procede de Olivia. Otro significado es "que trae la paz".
Olivier: Francés, Que viene del olivo
Omar (árabe) Larga vida.
Omari: Egipcio, Octavo nacimiento
Onan (Hebreo). Que tiene mucha fuerza.
Onésimo (Griego). Que es útil y provechoso.
Onfroi: Francés, Tranquilo
Onofre (Germánico). Defensor de la paz.
Orestes (Griego). El que ama la montaña.
Orfeo (Griego). Que tiene buena voz.
Oriol (dorado)
Orlando (Germánico). Hombre que viene del país glorioso.
Orlando variación de **Rolando**.
Orson, Ourson: Francés, Pequeño oso
Orville: Francés, Que viene de la ciudad de oro
Osahar: egipcio, Dios me escucha
Osaze: Egipcio, Amor de Dios
Oscar (Germánico). La lanza de los Dioses.
Oseas (Hebreo). El Señor me sostiene.
Osiris, Un-nefer: Egipcio, Dios de la muerte
Osmán (árabe). El que es dócil como un pichón.
Osmar. Variante de **Osmaro**.
Osmaro (Germánico). El que brilla como la gloria de Dios.
Osmundo (Germánico). El protector divino.
Osvaldo (Germánico). El gobernante divino.
Osvan (nombre de una divinidad) y Gair (lanza, es decir, lanza de Dios).

Otelo. Variante de **Otón**.
Othniel. (Hebreo). Fuerza de Dios
Otón (Germánico). El señor poderoso.
Otoniel (Hebreo) Dios es mi fuerza.
Ottah: Egipcio, Tercer nacimiento
Oubastet, Bastet: Egipcio, Gato
Ovidio (latín). El que es cuidador de ovejas.

P

Pablo (Griego) pequeño.
Pacomio (Griego). El que es robusto.
Page, Paige, Padgett, Paget: Francés, Vigilante
Paien: Francés, Nombre de los nobles
Paki: Egipcio, Testigo
Pampín (latín). El que tiene vigor como el brote de una planta.
Pancracio (Griego). Que tiene todo el poder.
Pánfilo (griego). El amigo querido por todos.
Pantaleón (Griego). El que domina todo.
Paolo. Variante de **Pablo**
Parfait: Francés, Perfecto
París (Griego). El que mejor socorre.
Parménides (Griego). Que es constante.
Pascual (latín). El que nació en las fiestas pascuales.
Pashenka, Pavlushka, Pavlushshenka, Pavlusha, Pavla, Pavlya, Pavel,
Pavlov: (Ruso). Pequeño, Poco.
Pastor (Latín). Que cuida sus ovejas.
Patricio (Latín) De noble estirpe.
Patrick. Forma Inglésa de Patricio
Patrizio:Italiano, Noble
Paul forma francesa de **Pablo.**
Paulino. Diminutivo de **Paulo**
Pedro (Griego) Piedra.
Pehuen (Mapuche) Araucaria, piñón (Nombre aborigen)
Percy, Percival: Francés, Perforar
Pericles (Griego). El que tiene amplia gloria.
Petenka, Pyotr, Petya: (Ruso). Piedra
Petronio. Variante de **Pedro**
Philip, Philippe, Philipe: Francés, Amor a los caballos
Piero, Pietro: forma Italiana de **Peter, Pedro**
Pierpont, Pierrepont: Francés, Viviendo debajo del puente de piedra
Pili: Egipcio, Segundo nacimiento
Pinjás. (Hebreo). Boca de serpiente **Phineas, Phinees**
Pío (Latín). El que es piadoso y observador de las reglas morales.
Pippino, Peppino: forma Italiana de **Joseph**
Piuque (Araucano). Corazón.
Plácido (latín). El que es manso y sosegado.
Platón (Griego). De espaldas anchas.
Plauto (Griego). El que tiene pies planos.

Plinio (Latín). El que tiene muchos dones.

Policarpo (Griego). Produce abundantes frutos.

Polifemo (Griego). De quien se habla mucho.

Pomeroy, Pommeraie: Francés, Que vive cerca de los manzanos

Pompeyo (Griego). El que encabeza la procesión.

Poncio (Quinto)

Porfirio (Purpúreo)

Poseidón (Griego). El dueño de las aguas.

Prewitt, Pruitt, Preruet, Pruet, Pruie: Francés, Valiente

Príamo (Griego). El que ha sido rescatado.

Prilidíano (Griego). Que recuerda las cosas pasadas.

Primo: Italiano, Primero

Probo (Honrado)

Procopio (Griego). El que progresa.

Prometeo (Griego). El que es semejante a Dios.

Próspero (Latín). El que tiene fortuna.

Prudencio (Latín). Que obra con sensatez y recato.

Publio (Latín). El que es popular.

Q

Qeb: Egipcio, Padre de la tierra
Quaashie: Egipcio, Nacido un domingo
Quennel, Quesnel: Francés, Que viene del roble
Querubín (Hebreo). El becerro alado.
Quillén (Araucano). La lágrima.
Quillen (Mapuche) Hermoso (Nombre aborigen)
Quimey (Araucano). Lindo, bello.
Quintiliano. Variante de **Quintilio**
Quintilio (Latín). El que nació el quinto mes.
Quintín. Diminutivo de **Quinto** .
Quinto (Latín). El quinto hijo de la familia.
Quirino (Latín). El que lleva la lanza.

R

Ra: Egipcio, Sol
Rachid (Libanés) Prudente
Rafael (Hebreo). Dios ha sanado.
Rafaele, Raphael, Rafaello: forma Italiana de **Rafael**
Rafic (Libanés) Compañero
Raimondo: forma Italiana de **Raymond, Raimundo**
Raimundo (Germánico). Rey del mundo, el que protege aconsejando.
Rainero (Germánico). La inteligencia que guía
Raiquen (Araucano). Ave nocturna.
Ramiro (Germánico). Consejero glorioso.
Ramón (Germano) Protector, sensato. Variante de **Raimundo.**
Ramses (Egipcio) El hijo del dios Ra.
Ramzi (Libanés) Mi símbolo
Randolfo (Germánico). El que lleva el escudo del poder.
Ranger, Rainger: Francés, Sala del bosque
Raoul: Francés, Lobo
Rashidi: Egipcio, Pensador, consolador
Raúl (Germano) Consejo de guerrero.
Re: Egipcio, Medio día
Reginaldo (Germánico). Que posee poder divino.
Régulo (Latín). El pequeño rey.
Reinaldo. Variante de **Reginaldo** .
Remigio (Latín). El que maneja las alas o remos.
Remo (Griego). El fuerte.
Renato (Latín) Nacido dos veces. El que ha vuelto a la gracia de Dios.
René (francés) El que vuelve a nacer.
Renzo. Variante de **Lorenzo**
Renzo: Italiano, Laurel
Restituto (Latín). El que volvió a Dios.
Reuel. (Hebreo). Próximo a Dios.
Reuquén (Araucano). Tempestuoso.
Reynaldo (Germano) El que tiene el don divino.
Ricardo (Germánico). Poderoso, fuerte como soberano.
Rigoberto (Germánico). El que es esplendoroso por su riqueza.
Rinaldo: Italiano, Sabio poder
Robertino. Diminutivo de **Roberto**.
Roberto (Germánico). El que luce por su fama.
Robustiano (Latín). Fuerte como la madera del roble.

Rodolfo (Germánico). El guerrero ansioso de gloria.

Rodrigo (Germánico). Célebre por su gloria.

Rogelio (antiguo Germano) Roud-ger, famoso lancero. El de la lanza gloriosa.

Roger. Forma Inglésa de **Rogelio**

Rolán. Variante de **Rolando**

Rolando (Germánico). El que es la gloria de su tierra.

Romain: Francés, Romano

Román (Latín). Nacido en Roma.

Romeo (Italiano) El que efectúa un peregrinaje a Roma.

Romildo (Germánico). El héroe glorioso.

Romochka, Roman: (Ruso). Romano

Romualdo (Germánico). El rey glorioso.

Rómulo (Griego). El que está lleno de fuerza.

Roque (Latín). Fuerte como una fortaleza.

Rosario (Latín). Guirnalda de rosas.

Rosendo (Germánico). Que defiende la gloria, el excelente señor.

Royce: Francés, Hijo de Roy

Royden: Francés, Que viene de las colinas del rey

Rubén (Hebreo). Dios me ha dado un hijo.

Rudecindo. Variante de **Rosendo**

Rufino. Diminutivo de **Rufo** .

Rufo (Latín). El que es pelirrojo.

Ruggero: forma Italiana de **Roger**

Rule, Ruelle, Reule: Francés, Lobo famoso

Runihura: Egipcio, Destructor

Ruperto (Germánico). El que resplandece con sus consejos.

Ruy. Variante de **Rodrigo**

S

Saa: Egipcio, Naturaleza de Dios
Sabacio (Latín). Fiesta dedicada a Baco
Sabelio. Variante de **Sabino**
Saber: Francés, Espada
Sabino (Latín). El que vino de Sabina (pueblo del interior de Italia).
Sabola: Egipcio, Pimienta
Sacha, Sasha, Shura, Shurochka, Sanya, Shurik, Shashenka (Ruso) Defensor de los hombres.
Sacha. Variante eslava de **Alejandro**
Sadiki: Egipcio, Fiel
Sahúl . (Hebreo). Pedido **Saúl, Saulo**
Salih: Egipcio, Honrado
Salim(Libanés) Sano
Salomón (Hebreo). Pacífico.
Salustio (Latín). El que ofrece la salud.
Salvino (Latín). El que goza de buena salud.
Sami (Libanés) Noble
Samir (Libanés) Buen conversador nocturno
Samuel (Hebreo). El que fue pedido a Dios. **Shmuel, Shemuel, Sam, Sammy**
Sancho (Latín). Santo y consagrado a Dios.
Sansón. (Hebreo). Sol **Shimshón**
Santiago (Del francés Saint Jaakob). Variante de **Jacobo**
Santino. Variante de **Santos**
Santos (Latín). Sagrado e íntegro.
Satordi: Francés, Saturno
Saturnino. Diminutivo de **Saturno** .
Saturno (Latín). El que está en la abundancia.
Saúl (Hebreo). El deseado, el anhelado.
Saverio. Variante Italiana de **Javier** .
Saville, Sauville: Francés, Que viene del sauce
Sebastián (Griego). Augusto, reverenciado.
Sebastiano: forma Italiana de **Sebastián**
Sefonías. (Hebreo). Dios protege **Tzefaniá**
Sefu: Egipcio, Espada
Segismundo (Germánico). El protector victorioso.
Segundo (Latín). El segundo hijo de la familia.
Sekani: Egipcio, Reírse

Semyon: (Ruso). Forma Rusa de **Simón**
Senior, Seignour: Francés Señor
Sennet, Senet: Francés, Sabio
Septimio (Latín). El que nació en séptimo lugar.
Serafín (Hebreo). Encendido, resplandeciente.
Sergio (Latín). El que custodia, el guardián.
Serug. (Hebreo). Entrelazado
Servando (Latín). El que guarda y defiende.
Seth. (Hebreo). Puesto, ubicado.
Severino. Variante de **Severo**
Severo (Latín). El que es austero e incorruptible.
Shakir: Egipcio, Agradecido
Sharón. (Hebreo). Llano
Sheba. (Hebreo). Promesa **Saba**
Shelomó. (Hebreo). De paz **Salomón, Salomon,**
Shem. (Hebreo). Nombre, fama.
Shimeón. (Hebreo). Escuchó **Simón, Shimón, Shimy**
Shu: Egipcio, Aire
Sidney, Sydney: Francés, Que viene de st. Denys
Sigfrido (Germánico). Asegura la paz con su presencia.
Silvano (Latín) forma masculina de Silvana, que significa nacido en la selva.
Silverio. Variante de **Silvano**.
Silvestre (Latín). El que vive en la selva.
Silvino. Variante de **Silvano**
Silvio Latín, *Siluius*, derivado de *silua*, "selva, bosque".
Simeón. Variante de **Simón**
Simón (Hebreo). El que me ha escuchado, el que obedece, Dios me ha escuchado
Simplicio (Latín). Sencillo
Sinesio (Griego). El inteligente, el sagaz.
Sinforiano. Variante de **Sinforoso**
Sinforoso (Griego). El que está lleno de desdichas.
Siro (Latín). Natural de Siria.
Sixto (Griego). El cortés, el de buen trato.
Sócrates (Griego). El sano y vigoroso.
Sofanor (Griego). El hombre sabio.
Sófocles (Griego). El que tiene fama por su sabiduría.
Solano (Latín). Es como el viento del este.
Somer: Francés, Nacido en el verano
Somerville, Sumarville: Francés, Que viene del verano
Soren, Sorel, Sorrell: Francés, Cabello marrón
Sotero (Griego). El salvador.
Stanislov, Slavik:(Ruso) Gloria

Stefan, Stepka, Stephen: (Ruso). Forma Rusa de **Stephen** Coronado con Laureles
Stefano: forma Italiana de **Stephen**
Sudi: Egipcio, Afortunado

T

Tabaré (tupí). Hombre de aldea.

Taciano. Variante de **Tacio**

Tacio (Latín). El que calla.

Tácito. Variante de **Tacio**

Tadeo (sirio). El que alaba.

Tancredo (Germánico). El que da consejos sagazmente.

Tarquino (latín). El que nació en Tarquinia (antigua ciudad de Italia).

Tarsicio (latín). El que pertenece a Tarso.

Tau: Egipcio, León

Telémaco (Griego). El que se apresta para el combate.

Telford, Telfer, Taillefer, Telfor, Telfour: Francés, trabaja con el hierro

Telmo. Variante de **Erasmo.**

Temán. (Hebreo). Mano derecha

Teo. Forma reducida de **Mateo, Teodoro, Doroteo**

Teobaldo (Germánico). El príncipe valiente.

Teodorico (Germánico). El que gobierna bien a su pueblo.

Teodoro (Griego). El regalo de Dios.

Teodosio (Griego). El que da a Dios.

Teófanes (El que manifesta a Dios)

Teófilo (Griego). Amado por Dios.

Teraj. (Hebreo). Cabra salvaje **Tareh**

Teremun: Egipcio, Amor de sus padres

Terencio (Latín). El que trilla.

Thabit: Egipcio, Fuerte

Thiery, Thibaud, Tibault: Francés, las reglas de las personas

Thoth, Astennu: Egipcio, Dios de la luna

Tiberio (Latín). El que viene del Tíber.

Tiburcio (Latín). Nacido en Tívoli, cerca de Roma.

Ticiano. Variante de **Tito.**

Timoteo (Griego). El que honra a Dios.

Tirso (Griego). Coronado con hojas de vid.

Tito (Latín). El valiente defensor.

Tobías. (Hebreo). Dios es bueno **Tobiá, Tuviá**

Tolenka, Tolya: (Ruso). Que Viene Del Este

Tomás (Hebreo). El hermano gemelo.

Tor: Egipcio, Rey

Torcuato (Latín). Adornado con un collar o guirnalda.

Toribio (Griego). Que fabrica arcos, tumultuoso.

Tosya, Tusya: (Ruso). Más allá de la expectativa.

Toufic o Tufic (Libanés) Éxito
Toussaint: Francés, Todos los santos
Traful (Mapuche) Unión (Nombre aborigen)
Tránsito (latín). El que pasa a otra vida.
Travers, Travis: Francés, Que viene de la encrucijada
Trinidad (latín). Las tres personas en un solo Dios.
Tristán (latín). El que lleva su tristeza consigo.
Tsekani: Egipcio, Cerrado
Tubal (Hebreo). El que labra la tierra.
Tulio (latín). Destinado a grandes honores.
Tumaini: egipcio, Esperanza
Tupac (Qechua) El señor, brillante (Nombre aborigen)
Turner: Francés, Campeón del torneo
Tyson, Tyeis: Francés, Hijo de Alemán

U

Ubaid: Egipcio, Fiel
Ubaldo (Germánico). El de pensamiento audaz.
Ufa: Egipcio, Flor
Ugo: Italiano, Inteligente
Ulises (Latín) Lleno de ira. Uriel (Hebreo) llama de Dios o ángel de la luz.
Ulrico (Germánico). Noble como un rey.
Umi: Egipcio, Vida
Ur, Ur-atum: Egipcio, Grande
Urbano (Latín). Que habita en la ciudad.
Uri. (Hebreo). Mi luz
Uriá. (Hebreo). Luz de Dios **Urías**
Uriel. (Hebreo). Mi luz es Dios
Urso (Latín). El oso. Forma masculina de **Ursula y Ursulina**.
Usi: Egipcio, Humo
Uzi. (Hebreo). Mi poder
Uzziel. (Hebreo). Mi poder es Dios

V

Vachel: Francés, Pequeña vaca
Vail, Vayle: Francés, Que viene del valle
Valarico (Germánico). Caudillo de la batalla
Valdemar o Waldemar (Germánico). Famoso por su poder.
Valdo (Germano) El que gobierna.
Valentín (Latín). Fuerte, saludable.
Valentino, Valerio: Italiano, Fuerte
Valerik, Valerii: (Ruso). Valeroso
Valerio (Latín). Sano y robusto.
Valfredo (Germánico). El rey pacífico.
Valiant: Francés, Valiente
Vanechka, Vanyusha: (Ruso). Regalo De Dios
Varden, Vardan, Vardon, Verddun: Francés, Que viene de la verde colina
Vassily, Vassi, Vasya, Vas, Vasilii: (Ruso). Real
Venancio (Latín). Aficionado a la caza.
Venceslao o Wenceslao (eslavo). Coronado de gloria.
Ventura (Latín). El que tendrá felicidad.
Vernon: Francés, Que viene de Vernon
Verrill, Verel, Verrall, Verrell, Veryl: Francés, Verdad
Vicente (Latín). El que vence, el que conquista.
Vick, Vic, Vicq: Francés, que viene de la villa
Víctor. Victorioso, el que vence.
Victoriano. Variante de **Víctor**
Victorino. Variante de **Victoriano**.
Victorio. Variante de **Víctor**
Vidal. Vital
Vincenzio, Vittorio, Vito: forma Italiana de **Víctor**
Virgilio (Latín). El que florece, el que tiene lozanía y verdor.
Vital (Latín). Joven y fuerte.
Vitenka, Viktor: (Ruso) Forma rusa de **Victor**
Vito (Latín). El lleno de alegría.
Vladimir (eslavo). Príncipe de la paz.
Vladimiro. Variante de **Vladimir**
Vladislav, Vladik, Vyacheslav: (ruso). Gloria
Vladmir, Vladmiri: (ruso). Paz
Volodya, Vladik, Vladya: (ruso). Pacifico.

W

Wadih (Libanés) Manso
Wafic (Libanés) Conciliador
Walberto (Germánico). El que permanece en el poder.
Waldo. Forma Inglésa de **Ubaldo**
Walter. Forma Inglésa de **Gualterio**
Wamukota: Egipcio, Zurdo
Werner (Germánico). El que es héroe de su patria.
Wilfredo (Germánico). Amigo voluntarioso, el que reina en la paz.
William: Francés, Protector
Wilson. El hijo de **William**
Wyatt, Wiatt: Francés, Guía

X

Xavier (español, vasco) Dueño de la nueva casa. Variante de **Javier**

Y

Yael (Hebreo). Antílope.
Yafeu: Egipcio, Audaz
Yago. Variante de **Jacobo**
Yahya: Egipcio, Visto por Dios
Yakov: (Ruso). Variante de **Jacobo.**
Yamil (Libanés) Bello
Yaremka, Yerik: (ruso). Designado Por Dios
Yasha: (Ruso). Defensor de hombres
Yihad (Libanés) Lucha
Younes o Yunes (Libanés) Profeta
Yuri, Yurii, Yurik, Yura, Yurochka: (ruso). Granjero
Yves: Francés, Pequeño arquero
Yvon, Yvet: Francés, Arquero

Z

Zabulón (Hebreo). Habitación, casa morada.

Zacarías. (Hebreo). Dios recuerda **Zejariá**

Zadoc. (Hebreo). Justo **Tzadoc**

Zah (Libanés) Brillante y luminoso

Zahur: Egipcio, Flores

Zaqueo. (Hebreo). Honesto, puro. **Zacai**

Zdenek: Francés, Flores de saint Denys

Zebadiá. (Hebreo). Dios ha concebido **Zebedeo**

Zebulún. (Hebreo). Exaltación

Zedequías. (Hebreo). Justicia divina **Tzidkiá**

Zenón (Griego). El que vive.

Zhenechka, **Zhenya**: (Ruso). Noble

Zhorah, **Zorya**: (Ruso). Granjero

Zimrí. (Hebreo). Mi canto

Ziven, **Zivon**: (Ruso). Vivo

Zoel (Hebreo). Hijo de Babel

Zoilo (Griego). Lleno de vida.

Zuberi: Egipcio, Fuerte

NOMBRES FEMENINOS

A

Abbi o Abby. Variantes de **Abigail**

Abdulía: (árabe), significa sierva de Alá.

Abelarda: deriva del nombre hebreo Abel, significa virtuosa.

Aberfa: Galés, que viene de la desembocadura del río

Abertha: Galés, Sacrificar

Abi (Hebreo). Mi padre

Abiah (Hebreo). Mi padre es Dios **Abiyah, Abijah, Abisha**

Abidán (Hebreo). Mi padre es juez

Abiel (Hebreo). Dios es mi padre

Abigaíl. (Hebreo). La que es la alegría de su padre, mi padre es gozo.

Abir (Hebreo). Intrépido

Abiram (Hebreo). Mi padre es grande

Abishai (Hebreo). Mi padre es un regalo **Abisai**

Abril (latín). Se refiere al cuarto mes del año.

Ada (hebreo). Bella.

Adabella. Compuesto de **Ada** y **Bella**

Adain, Adenydd: Galés, Alas

Adalcira: nombre combinado de **Ada y Alcira**.

Adalgisa (Germánico). La noble rehén.

Adalgisa: viene del escandinavo y significa lanza de nobleza.

Adalia (Hebreo). Dios es justo

Adalia (persa). Seguidora del Dios del fuego.

Adalina: combinación de **Ada y Linda**.

Adaluz. Compuesto de **Ada** y **Luz**

Adara: Galés, Pajaros capturados

Adaya (Hebreo). Adorno de Dios

Adda (Hada / Hadda) (Hebreo). La que irradía alegría.

Addfwyn: Galés, Manso, dócil

Addiena, Addien: Galés, hermosa

Adela / Adelia (Germánico). De noble estirpe, reina madre, madre de princesa.

Adelaida (germánico). Princesa noble.

Adelfa: viene del griego y significa hermana de la misma matriz.

Adelgunda (Germánico). Famosa por su nobleza

Adelina. Variante de **Adela**, de estirpe noble.

Adelinda (Germánico). Noble y sagrada.

Adelma. Teutón. Protectora del necesitado.

Adelma: del Alemán y quiere decir guerrera poderosa.

Adelmira: variante de **Almira**. Exaltada.

Adelvina (Germánico). Noble por la victoria.

Adena / Adina. (Hebreo). Frágil y dependiente.

Adilia: forma caprichosa de dilia. Significa la heredera.

Adina (Hebreo). Delicado, esbelto.

Adna (Hebreo). Clama duradera

Adolfa: viene del alemán antiguo y significa la loba.

Adoniá (Hebreo). Dios es mi amo

Adria o Adriana (latín). Nacida en la ciudad del mar.

Adriana Ver **Adrián**, en Griego significa la distinguida.

Aelwyd: Galés, que viene de la chimenea

Afra (latín). La que vino del África.

África: nombre del continente africano.

Afrodita: Diosa Griega del amor y la belleza. Significa espuma.

Agafia: (Ruso) Forma rusa de **Agatha**. Bueno

Agapita (Griego). La que es muy amada y querida.

Agar (Hebreo). La que teme, extranjera.

Agata (griego). La sublime, la virtuosa.

Ageda (Hebreo). Buena, amable.

Aglae (Aglaia) (Griego). La esplendorosa, bella, resplandeciente.

Agnes: Viene del griego y significa casta, pura, santa. Variantes: **Anaís, Inés, Agneta**.

Agnessa: (Ruso) Manso, dócil

Agnus. La que es casta y pura.

Agostina. Variante de **Agustina**

Agripina: nombre romano que significa la nacida al revés, que sacó primero los pies.

Agueda: (griego). Variante de **Agata**. Significa cariñosa, de muchas virtudes.

Agustina: diminutivo Latín de augusta. Significa la venerable, la consagrada.

Aída (latín). La que viene de familia distinguida.

Aida: viene del árabe y quiere decir Fiesta.

Aidee / Aide / Haide / Haidee (Griego). Mujer recatada.

Aidée Variante gráfica de **Haydée**.

Ailen / Aylen / Aillén/Ailín / Aylin. (Mapuche). Transparente, muy clara.

Aime (Ayme) (Mapuche). Significativo.

Aimee: forma francesa de Amada.

Ainara (Vasco). Originario de Vizcaya

Aisha: en árabe quiere decir madre de los fieles.

Aixa (árabe). La que eligió el de mayor autoridad.

Akila: Egipcio, inteligente

Akilina: (Ruso) Significado griego-ruso. Águila. variantes **Acquilina, Aquilina, Aquiline.**

Aladina: del árabe y significa fe sublime.

Alana (Germánico). La reina de todos.

Alana: del celta, significa armonía. En francés, Alaine.

Alba (Latín). Blanca y fresca como la altura, significa aurora, blancura del día.

Albana (Latín). Perteneciente a la casa de los Alba (familia de la nobleza española), quiere decir blanca, pura.

Alberta: abreviatura de **Adalberta**. significa brillante nobleza. diminutivo: **Albertina**.

Albina: del latín, significa blanca, de cabellos rubios.

Alcira (Germánico). Adorno de la nobleza.

Alda (celta). Bellísima. Es el femenino de Aldo.

Aldana. Es un compuesto de Alda y Ana

Alegra (Latín). La llena de ardor.

Alegría: significa eso mismo, alegría.

Aleja: viene del sánscrito y significa defensora, protectora.

Alejandra: en griego significa vencedora de los hombres. Diminutivo: alejandrina.

Alejandrina. Derivado de **Alejandra**

Aleksandra: (Ruso) Defensora de los Hombres**. Variantes **Alexa, Sandra, Sasha.**

Aleth: derivado del Griego y significa la verdadera.

Alexandra. Variante ortográfica de **Alejandra**

Alexia (Griego). La que defiende, la que ayuda.

Alfa (Griego). Simboliza el principio de todo.

Alfonsina (germánico). Noble y lista para combatir

Alfreda: del Alemán y significa la aconsejada por los espíritus.

Alicia (griego). Que defiende y protege. Variante: **Elisa y Alisa.**

Alina: título árabe de gran distinción, significa la soberana.

Alisa (Hebreo) Gran felicidad. Variantes **Alisah, Alissa, Alissah, Aliza, Allisa, Allisah, Allissa, Allissah, Allysa, Allysah, Alyssa, Alyssah.**

Alliny: Elegante.

Almira (árabe). Princesa. La principal.

Almudena (árabe). La ciudad pequeña, granero.

Alodía: del Alemán y quiere decir tierra libre.

Alonsa: variante de **Alfonsa**. Mujer inteligente.

Altagracia: Alta gracia.

Altair (árabe). Estrella integrante de la constelación del Águila.

Altamira: Lugar de hermoso panorama, semejante a bella vista.

Altea (Griego). La que es saludable: edificante, significa la que cura.

Alva (Hebreo). Su alteza **Alba**

Alvina (griego). La que es amable y amigable.

Ama (teutón). Trabajadora, enérgica.

Amadea: Dios te ama.

Amadis (latín). El gran amor, amadísima.

Amal: En árabe quiere decir esperanza.

Amalia (germánico). La despreocupada, enérgica.

Amaliji: (Ruso) Forma rusa de Amelia

Amalsinda (Germánico). A quien Dios señala.

Amancay / Amancai (Qechua). Voz que le da nombre a una hermosa flor amarilla veteada de rojo.

Amancia: del Latín y quiere decir la amante.

Amanda (latín). La que es amada.

Amani: árabe. Colección de deseos.

Amaniá (Hebreo). Confianza de Dios. Artista de Dios.

Amapola (árabe). Alude a la flor del mismo nombre.

Amaranta (Griego). La que no decae, significa la que no se marchita.

Amariá (Hebreo). Dios dijo

Amarilis: nombre de plantas florales y de pastorcillas.

Amarilla / Amarilia (Griego). La que brilla.

Amata: del Latín y quiere decir virgen consagrada.

Amatista: piedra preciosa cuyo nombre griego significa llena de vino, embriagada.

Amaya (vasco). Pasto.

Amazona: en la mitología griega significa mujeres sin senos.

Ambar: del árabe y significa la aromática de delicioso perfume.

Ambrosia (griego). Néctar de los dioses griegos que producía la eterna juventud. Significa inmortal.

Amelia Variante de **Amalia** del germánico **Amalberga** que significa "la protectora del trabajo.

América (teutón). Príncipe industrioso y activo

América: del alemán antiguo, significa la que se hace rica trabajando.

Amina (árabe). La mujer fiel.

Aminta: del Griego y significa sin mancha. Variante: **Amiana**.

Amira (árabe). La que es princesa.

Amiram (Hebreo). Mi pueblo es elevado

Amneris: nombre de fantasía, popularizado por la princesa egipcia de la ópera aída.

Amparo (Latín). La que cobija, la que da protección.

Amparo: nombre español, significa protección.

Amser: Galés, tiempo

Amunet: Egipcio, diosa de los misterios

Ana / Anna (Hebreo). Tiene la gracia de Dios. Gracia, la agraciada.
Variantes: **Nancy, Nina, Nanette, Ninón, Janina.**
Anabel: combinación de Ana con Isabel.
Anabella. Compuesto de **Ana** y **Bella**
Anacaona: en idioma taíno significa flor de oro.
Anacleta: del Griego, la invocada, la suplicada a Dios.
Anahí (guaraní). Alude a la flor del ceibo.
Anaís: variante de **Agnes**. Significa casta, pura, santa.
Analía. Compuesto de Ana y Lía
Analiria: combinación de **Ana**, la agraciada, y **Aliria**, natural de aliria.
Anán (Hebreo). Nube
Anan (Hebreo). Nuboso
Anani (Hebreo). Mi nube. Me respondió.
Anastasia: Griego. La resucitada.
Anatilde. Forma compuesta por Ana y Matilde
Anatolia: del griego, quiere decir amanecer.
Anayance: nombre indio, significa princesa de lindos colores.
Andrea (Griego). Valiente y varonil.
Andrea Femenino de **Andrés** (véase), que en griego quiere decir "muy hombre", significaría la varonil.
Andreína. Variante de **Andrea**
Andrómaca: heroína de la mitología Griega y significa la que combate como un hombre.
Andrónica: del griego, significa la que vence a los hombres.
Anelida. Forma compuesta por **Ana y Elida**
Anelina. Forma compuesta por **Ana y Elina**
Anelisa. Forma compuesta por **Ana y Elisa**
Anémona: nombre Griego de flor que significa viento, soplo.
Anfitrita: del Griego, la que murmura por todas partes.
Angela (Griego). La que envió Dios, variantes: **Angelina, Angélica, Angy**.
Ángeles. Variante de **Angela**, en honor de nuestra señora de los angeles.
Angélica., del Latín y significa angelical. Variante de **Angela**
Angelina. Variante de **Angélica**
Angharad, Anghard: Galés, muy amoroso
Angustias: Angustias. en Latín significa estrecha, angosta.
Aniceta: del Griego y significa siempre victoriosa.
Anilda: combinación de ana, agraciada, e hilda, luchadora.
Anippe: Egipcio, hija del Nilo
Anselma: del Alemán, guerrera protegida por Dios.
Antea: viene del griego y significa flor.

Antífona griego, de, "contra, opuesto"y "generación, nacimiento, estirpe", derivado de, "engendrar" "contrario a su generación", "opuesto a su raza". En la mitología **Antígona**, famosa por las tragedías de Sófocles.

Antolina: derivado de Antonia.

Antonella. Variante Italiana de **Antonia**

Antonia: viene del latín y no es clara su etimología. Su significado más probable es digna de alabanza. Variantes: **Antonieta, Antonina**.

Antonieta. Variante de **Antonia**

Antonina: (ruso) forma femenina de **Anton**

Anunciación: por el anuncio que hizo el ángel a María.

Anya, Anitchka, Anna, Anechka, Asenka: (Ruso) Gracia

Aparicia: viene del latín y significa aparecida.

Apia (latín). La piadosa.

Apolinaria: del Latín, perteneciente al dios Apolo.

Apolonia: en honor a Apolo, dios griego del sol. hija del sol.

Apuleya: viene del latín y significa la impulsiva.

Aquilina: del Latín, aguileña, de rostro largo y afilado.

Ara (Araucano). Nube.

Ara (Hebreo). Luminoso

Arabela (latín). Altar hermoso.

Araceli (Latín). El altar del cielo.

Aracelis: viene del romano y significa altar celestial. Diminutivo: Arelis.

Aragonta (Germánico). Urraca

Aránzazu (Espino)

Arbogasta: del Griego "arbi", herencia, y del Alemán "gast", huésped. Es decir, la forastera rica.

Arcadía (Griego). Ciudad rodeada de fortalezas.

Arcelia (latín). Pequeño cofre con tesoros.

Arcelia: viene del griego y quiere decir joven pantera.

Archibalda: del Alemán y significa nacida libre.

Ardelia: en latín se traduce como mujer ardiente.

Argel: Galés, refugio

Argelia: la natural de argelia.

Argenea: del Latín, la de cabellos plateados. Variante: **Argenis**.

Argentina (latín). La que resplandece como la plata, significa plateada, adinerada.

Argimira: viene del latín y significa marinera.

Arglwyddes: Galés, Dama

Argraff: Galés, impresion

Aria / Ariadna (Griego). Muy santa.

Arial: Galés, vigoroso

Ariana, Arian: Galés, metal plata

Ariana. En griego significa muy santa y también muy rebelde. Variante: **Ariadna**.

Ariela (Hebreo). Pequeño león de Dios.

Arietta, Ariette: (Inglés) melodía

Arlais: Galés, que viene del templo

Arlene: en celta quiere decir promesa o compromiso. Variantes: **Arlen, Arlina**.

Armanda / Arminda (Germánico). Guerrera.

Armandina: viene del francés y significa la guerrera. Variantes: **Amandina, Armina**.

Armida: la mujer seductora, armada de belleza.

Arnulfa: combinación germana de "arn", águila, y "wolf", lobo. Mujer libre como el águila y fiera como el lobo.

Artaith: Galés, tormenta

Artemia: del griego y significa completa, exacta.

Artemisa: Diosa griega de la caza y de la luna, eternamente virgen. La perfecta.

Arwydd: Galés, señal

Asela: del Latín y es diminutivo de burra. la burrita.

Asgre: Galés, corazón

Asia: viene del asirio y significa oriente.

Aspasia: viene del griego y significa agradable bienvenida.

Asteria: del Griego y significa la que viene de las estrellas.

Astra (Griego). Deslumbrante como estrella.

Astrid / Astryd (Germánico). La amada por los dioses.

Atala (Griego). La juvenil.

Atanasia: viene del griego y quiere decir inmortal.

Atenea (griego). Evoca la figura de Palas Atenea, diosa protectora de los atenienses, diosa griega de la sabiduría.

Atgas: Galés, odio

Atica (Griego). Que es de la ciudad de Atenas.

Atilia: del Latín y se refiere a la mujer que camina con dificultad, la cojita.

Auda (latín). La que es audaz.

Audrey (anglosajón). Representa a la nobleza amenazada.

Augusta (latín). Que infunde respeto y veneración.

Aura latín, Aura, "soplo, brisa, efluvio".

Aúrea: del latín "aurum", oro. es decir, la de cabellos rubios. Variantes: **Aurelia, Aureliana**.

Aurelia (latín). Que tiene el valor del oro.

Auristela (latín). La estrella de oro.

Auristela: del Italiano, estela de oro.

Aurora (latín). Brillante y resplandeciente como el amanecer.

Auset: Egipcio, nombre de isis

Austria: Significa el imperio oriental, como antiguamente se denominaba a austria.

Ava: variante inglésa de **Eva**. Significa madre de la vida.

Avelina (latín). La que nació en Avella.

Avelina: natural de la ciudad de avella en italia.

Avril, Averil, Averyl, Avry, Variante en inglés de **Abril**

Awel: Galés, brisa

Ayelén (Araucano). La alegría.

Azalea: nombre griego de esa hermosa flor.

Aziza: Egipcio, presiosa

Azucena (árabe). Madre admirable.

Azucena Del árabe *açuçena*. Como **Lilia** y **Liliana** (véase) este nombre se refiere a la blancura y a la pureza del lirio en su relación metafórica con la mujer.

Azúl (árabe). Del color del cielo sin nubes.

B

Baby: forma inglesa de bebé, derivado del latín "baba". Significa la babosa.

Bahiti: Egipcio, fortuna

Balbina (latín). La que balbucea.

Baldomera: del Alemán y significa famosa por su audacia.

Balduina: del Alemán y se traduce por amiga valiente.

Banon: Galés, Reina

Bárbara Griego femenino de "extranjero", "no griego".

Bartola: del arameo y quiere decir la que ara la tierra.

Basilia (Griego). Gobernante, rey príncipe gobernante.

Bastet: Egipcio, gato

Batilde (Germánico). La que lucha.

Baudilia (teutón). Audaz y valeroso, victoria.

Beata: del latín y quiere decir feliz, bienaventurada.

Beatriz (latín). La que hace la alegría, da placer y felicidad.

Begoña "lugar del cerro dominante".

Begonia: nombre de una flor americana.

Belén (Hebreo). Casa de pan

Belinda (latín). La atractiva o serpiente, símbolo de sabiduría y prudencia.

Belisa (latín). La más esbelta.

Belisaria (Griego). Diestro flechador, fuerte arrojador de saetas. Del eslavo significa la princesa blanca.

Belkis: Se cree que es el nombre de la legendaria reina de Saba, que fue a visitar al rey Salomón.

Bella: del latín y es claro su significado. A veces, es abreviatura del italiano Isabella y Anabella.

Benedicta (Benita) (latín). Bendecida por Dios.

Benigna (latín). Amable, bondadoso con las personas, humanitario.

Benilda (Germánico). La que lucha con los osos.

Benita: forma popular de benedicta. Significa bendita.

Benjamina: de raíz hebrea y significa hija predilecta.

Bennu: egipcio, águila

Berengaria: del Alemán y significa fuerte como una osa.

Berenice (griego). La que lleva a la victoria.

Berila: nombre latín de una piedra preciosa.

Berna (Germano). Temerario.

Bernabela (Hebreo). Hijo de la profecía.

Bernarda (germánico). Valiente y audaz como un oso.

Berta (Germánico). La brillante, la famosa.

Berth: Galés, hermosa
Berthog: Galés, rica
Bertilda (Germánico). La que combate, la ilustre.
Bertolda: del Alemán y quiere decir gobierno brillante.
Betania (Hebreo). Nombre de una aldea de la antigua Palestina. Casona de Dios.
Betia: viene del hebreo y significa adoradora de Dios.
Betiana (Bettina) (Latín). Natural de Betia.
Betsabé (Hebreo). La que es hija de un juramento, o la séptima hija.
Betty. Diminutivo inglés de **Elizabeth,** diminutivo de **Isabel** o de **Beatriz.**
Betulia: viene del hebreo y significa huerto de abedules.
Beula: del hebreo y quiere decir mujer casada.
Beverly, Beverley: (Inglés). Mujer que viene de Beaver Meadow
Bianca: forma italiana de **Blanca.**
Bibiana. Variante de **Viviana**, significa la que da vida.
Bienvenida (latín). La que es bien recibida, se aplica a la hija largamente esperada.
Birdie, Birdy: (Inglés)   Como un pájaro.
Blanca (germánico). Brillante, límpida, noble.
Blandina (latín). Tierna, agradable.
Blasina: de raíz latina y significa la tartamuda.
Blenda: en alemán quiere decir blanca, brillante.
Blessing, Bletsung: (Inglés). Bendición, Consagrada.
Bliss, Bliths: (Inglés). Alegría
Blodwen, Blodwyn: galés, flores blancas
Blossom, Blostm: (Inglés). Fresco
Blythe, Blithe: (Inglés)   Alegre
Bohdana: (Ruso) Regalo de Dios
Bolonia: por la provincia Italiana que lleva ese nombre.
Bona: viene del latín y significa buena.
Bonfilia (Italiano). Buena hija.
Bonifacia (Italiano). Benefactora, la que hace el bien.
Braith: Galés, Peca
Braulia (teutón). Resplandeciente. En alemán se traduce como la fogosa, la que quema.
Bregus: Galés, frágil
Brenda (3 orígenes). Germánico: lleva la antorcha. Inglés: representa la espada. Celta: cuervo.
Brígida (celta). Fuerte, victoriosa. Variantes: **Brigita, Brigitte, Brita.**
Brillana: nombre de fantasía derivado de brillo.
Bronwen, Branwen, Bron, Bronwyn, Brangwen, Brangwy, Branwenn: Galés, oscuro y puro
Brooke: (Inglés). Oleada

Bruna (latín). De tez morena.

Brunella / Brunela. Diminutivo Italiano de Bruna

Brunilda (germánico). La coraza en la batalla.

Buddug: Galés, forma de **Victoria**

Buenaventura (castellano). La que desea suerte y alegría a los demás.

C

Cadena, Cadyna: (Inglés). Rítmico.
Cadi, Catrin: Galés, pura
Cadwyn: Galés, cadena
Caethes: Galés, esclavo
Calíope (griego). La que tiene voz muy hermosa.
Calistena: del griego y quiere decir de bella fuerza.
Calixta: procede del griego y significa bellísima.
Calvina: del Latín y se traduce como sin pelo.
Camelia (latín). Alude a la flor del mismo nombre. La que está presente en Dios o la que ofrece sacrificios.
Canciana: del latín, la que brinda la bebida.
Candela. Variante de **Candelaria**
Candelaria (latín). La que resplandece.
Cándida (latín). Pura, blanca, inmaculada.
Caniad: Galés, canción
Canuta: de origen Alemán y quiere decir de buen origen.
Cara: del Italiano y significa querida, amada.
Caralampia: en griego significa iluminada por la felicidad.
Caridad (latín). Amor, afecto, ternura hacia los demás.
Caridad: del Latín y se refiere a la virtud del amor.
Carina (latín). La muy amada, a la que se tiene gran estima.
Carisa (Griego). Es la belleza y la amabilidad.
Carla (germánico). Muy vigorosa.
Carlota. Femenino español de **Carlos**
Carmela (hebreo).El que es como una espiga tierna. La del campo cultivado.
Carola. Una de las formas de Carla
Carolina Forma diminutiva femenina de **Carlos** (véase). Hipocorístico
Caro, Carito, significa libre y dueña.
Casandra (griego). Que protege a todos los hombres. (Germano) de inigualable belleza.
Casiana: viene del latín y significa armada con un casco.
Casilda (árabe). Virgen portadora de la lanza.
Casilda: procede del árabe y quiere decir la cantante.
Casimira (polaco). Predica la paz.
Casta: del Latín, la que lleva vida célibe. Diminutivo: Cástula.
Castalia: viene del griego y significa la fuente pura.
Catalina Griego pasó al latín como *Katerina*, más tarde escrito *Katharina* por atracción de *katharos* que significa "puro, inmaculado". Otra etimología

es la que deriva de la palabra Griega que significa "tormento". Otra versión traduce el nombre como tormento. Variantes: **Caterina, Katy, Karen, Kitty, Trina.**

Cath: Galés, gato

Cayetana: las nacidas en la Italia central.

Cecilia (latín). Pequeña y ciega.

Cecilia: viene del latín y quiere decir la miope o ciega.

Ceferina (Germano). Acaricia como viento suave.

Ceferina: del Latín y significa brisa suave de primavera.

Celedonia: en griego se traduce como pequeña golondrina.

Celerina: viene del latín y significa apresurada.

Celeste (latín). Habitante del cielo.

Celeste: viene del latín y quiere decir celestial.

Celia (latín). La que vino del cielo.

Celia: Cielo

Celiflora: del Latín y se traduce como flor del cielo.

Celina. Derivado de **Celia.**

Celmira / Zelmira (árabe). La brillante.

Celmira: combinación de Celia y Mira. Cielo maravilloso.

Celsa (latín). De altura espiritual.

Celsa: del Latín y quiere decir exaltada, excelsa.

Cenobia: viene del latín "monasterio". Se traduce como la que hace vida en común.

Centola (árabe). La luz de la sabiduría.

Ceri: forma corta de origen Galés de **Ceridwen**, o también en el término de afecto caro (amor)

Ceridwen, Ceri: galés, poética Diosa

Cesare / Cesarina (Latín). Que fue separada forzadamente de su madre.

Cesárea: del Latín, la que pertenece al césar, al emperador.

Charis: viene del griego y se traduce como graciosa.

Charlotta: (Ruso) masculino

Charo: diminutivo de rosario.

Chelsea: (Inglés). Puerto marítimo

Chepa: diminutivo de Josefa.

Cherezada: del persa y significa mujer de nobles facciones.

Chiara. Forma Italiana de **Clara**

Chila: diminutivo de Cecilia, Lucía y Auxiliadora.

Chione: Nombre mítico (Hija del Nilo)

Cibeles: del griego y quiere decir abuela de los dioses.

Cielo (Latín). La que es celestial.

Cintia o Cinthia (Griego). Que vino de la colina.

Cipriana: las nacidas en la isla Griega de Chipre.

Cira / Cirila (Griego). El gran Rey o Soberano.

Cira: viene del persa y se traduce como trono.

Ciríaca: viene del griego y significa señorial.

Cirila: del Griego y se traduce como gran señora.

Cirinea / Cirenia (Griego).Natural de Cirene, Libia.

Citlalli Náhuatl, "estrella". Usado esporádicamente en México como nombre de pila.

Citlalli: en azteca significa estrella.

Clara (Latín). La que es transparente y limpia.

Clarabella. Compuesto de **Clara y Bella**.

Claresta: (Inglés). Brilliante, Claro

Claribel. Variante de **Clarabella**

Claribel: de **Clara e Isabel**.

Clarisa. Variante de **Clara**

Claudía (latín). Que camina defectuoso, que renguea.Inválida o coja. Diminutivo: **Claudina**.

Claudina. Diminutivo de **Claudía**.

Cleantha: (Inglés). Gloria

Clelia (latín). La gloriosa, la que espera gloria.

Clelia: si el origen es griego se traduce como gloriosa; si es latín, como clienta.

Clemencia (latín). Compasiva y moderada en su trato, dulce, compasiva.

Clementina. Variante femenina de **Clemente**

Cleo (Griego). Clamar, celebrar.

Cleofe (Griego). La que vislumbra la gloria.

Cleopatra (griego). La que es gloria de sus antepasados.

Cleta: viene del griego y significa ilustre. También es abreviatura de anacleta.

Clidía / Clide (Griego). Agitada en el mar

Clímaca: viene del griego y significa escalera.

Climena: en griego significa apasionada por la gloria.

Clío (Griego). La más famosa, conocida y célebre.

Clitia: del Griego y significa la que gusta de lavarse.

Clodomira: del alemán y se traduce como muy famosa.

Clodovea (Clotilde / Clovis) (teutón). Ilustre guerrero lleno de sabiduría, célebre en la batalla.

Cloe (griego). De ternura como la hierba.

Clorinda (Griego). Fresca, lozana, vital.

Clotilde germánico, "batalla gloriosa", "la que lucha con gloria" o "ilustre guerrera".

Cointa: viene del latín y significa la que piensa.

Coleta: diminutivo de **Nicolasa** y significa victoria popular. En francés, **Colette**.

Colomba (latín). Paloma.

Colombina: viene del latín y significa paloma.

Concepción (Latín). Que concibe. Relacionado al milagro virginal de la madre de Jesús.

Concordía: del latín y significa del mismo corazón.

Conrada: en alemán se traduce como consejera audaz.

Constantina: viene del Latín y significa perseverancia, tesón. Variante:

Constanza (latín). Forma italiana de Constancia. Firme, perseverante.

Consuelo (Latín). Que brinda alivio en la aflicción y la pena.

Cora (Griego). Muchacha virgen, doncella, corazoncito.

Coral: se refiere a los bellos corales marinos. Variante: **Coralia**.

Cordelia, Creiddylad: Galés, alhajas del mar, la del pequeño corazón

Corina: griego. La muchachita. La que combate con el yelmo.

Corisanda: nombre de fantasía de los romances medievales.

Corliss: (Inglés) Buen corazón

Cornelia: viene del latín y quiere decir cuerno. El que toca el cuerno en la batalla

Corona: del Latín y recuerda las coronas de los reyes.

Corsen: Galés, rojo

Covadonga: cueva larga.

Cragen: Galés, concha

Crescencia: derivado del Latín y significa la que crece. Variante: **Crescenciana**.

Crimilda: del Alemán y quiere decir la dulce guerrera.

Crisanta: viene del griego y significa flor dorada. Variante: **Crisantema**.

Crisógona: en griego se traduce como la nacida del oro.

Crispina (latín). De cabellos rizados.

Cristina (latín). De pensamiento claro.

Cristina: viene del griego y significa la ungida. Variantes: **Cristiana, Crista**.

Cristobalina: del Griego y significa la que cargó a Cristo.

Cucufata: viene del latín y se traduce como la encapuchada.

Cunegunda: procede del alemán y significa guerrera valerosa.

Custodía (latín). Espíritu guardián, angel guardián.

Cwen: (Inglés) reina

Cymreiges: Galés, mujer de Galés

Cyne, Cym, Cim: (Inglés). Regla

Cyneburhleah, Cynburleigh, Cymberly, Cimberleigh: (Inglés). Que viene del meadow Royal

D

Dafne (Griego). Coronada de laureles.

Daila (Latín). Hermosa como una flor

Daira (Griego). Llena de sabiduría.

Daisy, Daesgesage: (Inglés). Días de vísperas

Dale, Dayle, Dael: (Inglés). Que vive en el valle.

Dalia (Latín). Nombre de una flor originaria de América.

Dalia: nombre de flor. Significa valle.

Dalila: mujer de sansón, en hebreo significa la lánguida.

Dalma. Es una variante de **Dalmacia**

Dalmacia (Latín). Oriunda de Dalmacia (región occidental de los Balcanes).

Dalmara: combinación de **Dalia** y **María.**

Damaris (Griego). Mansa, sumisa, la popular.

Damiana: del Griego y se traduce como la dominante.

Damira: en idioma caribe significa mamacita.

Dana (Hebreo). La que sabe juzgar

Dánae: viene del griego y significa lluvia de oro.

Dannica: (griego) Estrella de la mañana

Daniela (Hebreo). Dios es mi juez.

Danila (Hebreo). variante eslava de **Daniel.**

Dara (Hebreo). Femenino de **Daniel**. (Dios es mi juez).

Daría (persa).Protector contra el mal, antiguo persa significa rica, opulenta.

Darlene: viene del inglés "darling" y significa querida.

Darya: (persa). Mar

Daryl: (Inglés). Muchisimo amor.

Dasha: Doroteya: (Ruso) Regalo de Dios

Débora / Déborah / Debra (Hebreo). La que es trabajadora como una abeja.

Decia: del Latín y significa décima, aplicado a la décima hija.

Dee, Du, Dierdre, Delia: Galés, oscuridad

Deidamia (Griego). La que es paciente al combatir.

Deifilia: viene del latín y significa hija de Dios.

Delfina (Latín). Juguetón.

Delia (Griego). Nacida en la isla de Delos.

Delia: apodo de la Diosa artemisa, nacida en la isla de delos.

Delicia (Latín). La que es muy agradable y delicada.

Delmira Aféresis de **Edelmira** (véase).. Significa la famosa.

Demetria: viene del griego y significa tierra madre.

Denis: variante de **Dionisia** que significa la que pertenece a baco, Dios romano de la bebida y las fiestas. Variante: **Denise.**

Deodata: del Latín y significa entregada a Dios.

Deogracias: en latín significa nacida por gracia de Dios.

Deonilde (Germánico). La que combate.

Derwen: Galés, que viene del roble

Desdémona (Griego). La desdichada

Desideria (Latín). La que es deseada.

Desirée (Latín). Forma francesa de Desideria. La que es deseada.

Devora: (Ruso) Forma rusa de Debra, Abeja

Deyanira Griego "devastar, abatir, aplastar, lacerar", "hombre": "destructora de hombres".

Díamantina: viene del latín y significa la indomable.

Diana (Griego). Llena de luz, de divinidad.

Díanora: del griego, se traduce como mujer inteligente.

Dicra: Galés, lenta

Difyr: Galés, divertida

Digna: del Latín, la que tiene dignidad.

Dilys, Dylis, Dyllis, Dil, Dill, Dilly: Galés, sincera

Dimitra: (Ruso) Que viene de Demeter

Dina (Hebreo). La juzgada.

Dinora o Dinorah (arameo). La iluminada.

Dione: Diosa de la mitología Griega, mujer de Dios.

Dionisia (Denis / Denisa / Denise) (Griego). Consagrado a Dios ante la adversidad.

Dionisia: del latín, significa dada a las fiestas y a la bebida.

Dirce Griego femenino de "piña", o sea el fruto del pino.

Diva: en italiano quiere decir Diosa.

Dolly: diminutivo inglés de dorotea. Significa muñequita.

Dominga: del latín, significa nacida en el día del Señor. En francés, **Dominique**. En Italiano, **Doménica.**

Domínica (Latín). Que pertenece a la orden de las domínicas.

Dominika: (Ruso) Nacida un día **Domingo**

Dominique. Forma francesa de Dominica

Domitila (Latín). La que ama su casa, la hogareña.

Dona: en Italiano significa doña, señora.

Donata: viene del latín y quiere decir regalada.

Donina (Latín). Don de Dios, regalo de Dios.

Donosa (Latín). Tiene gracia y donaire.

Dora / Dorina). Forma reducida de **Teodora**

Dorcas (Griego). Gacela.

Doris (Griego). La que nació en Sialos de padres Griegos.

Dorotea: inversión de **teodora**, que significa don de Dios. Diminutivo: **Dora, Doris.**
Drysi: Galés, espina
Dulcinea (Latín). Que tiene dulzura.
Dulia: viene del griego y se traduce como la servicial.
Duscha: (Ruso) Fantasma, divino espíritu

E

Eadda, Ede, Eda, Eda: (Inglés). Rica
Eadwine, Edwina, Edina: (Inglés). Rico amigo
Earlene, Erleen: (Inglés). Noble mujer.
Eartha, Ertha: (Inglés). Mundano
Earwine, Earwyn, Erwina, Erwyna: (Inglés). Amigos del mar.
Easter, Eastre: (Inglés). Nacida en el este
Ebe o Hebe (griego). Juvenil como una flor.
Eber: nombre Alemán que significa jabalí.
Ebrill: Galés, nacida en abril
Echidna: Egipcio, monstruo
Eda o Edda (germánico). Santa batalla, la que hereda bienes.
Edelburga: del anglosajón, el amparo de la nobleza.
Edelia / Edilma / Edilia (Griego). Permanece joven.
Edelmira / Edelira / Edelma / Delma (teutón). De noble estirpe, conocido por su noble estirpe.
Edén (Hebreo). Deleite.
Edesia: Diosa romana de los manjares. Significa comilona.
Edgarda (teutón). Defiende sus bienes y su tierra con lanza.
Edilberta: en alemán quiere decir de mucho abolengo.
Edilia (Griego). La agradable, la dulce.
Edit o Edith (Germánico). Que tiene posesiones y dominios.
Edita (Germánico). Rica y poderosa.
Edlyn, Eathelin, Eathelyn, Edlin, Edlen: (Inglés). Cascada noble
Edmonda, Eadmund, Edmunda, Edmanda, Eduarda: (Inglés
Edmunda: del Alemán y se traduce como la protectora de la propiedad.
Edna (Germánico). La que protege sus dominios.
Edna (Hebreo). Placer, la rejuvenecida.
Edrea, Earric, Edra: (Inglés). Poderoso
Eduarda: en anglosajón significa guardiana de los bienes.
Edurne (vasco). La nieve.
Eduviges (teutón). Mujer luchadora.
Edvina: del Alemán y quiere decir la amiga rica.
Efa: Galés, forma de **Eve** (vida)
Eferhild, Eferhilda: (Inglés). Oso
Efigenia: variante de **Ifigenia**. Significa mujer fuerte.
Egberta, Egbertina, Egbertine, Egbertyne: (Inglés). Espada brillante
Egda (Griego). Escudera.
Egeria (Griego). La que da ánimos.

Egidía (Griego).Guerrero con escudo de piel de cabra.

Eglantina: viene del francés y significa rosa silvestre.

Egle (Griego). La que posee brillo y esplendor.

Eira: Diosa escandinava de la salud, la eufórica.

Ekaterina: (Ruso) Forma rusa de Katherine pura

Ela (teutón). La que es noble.

Eladía: procede del griego y significa la que da ánimo.

Elba (celta). Alta, la que viene de la montaña.

Elba: viene del alemán y se traduce como blanca, clara. **Elberta, Elberte, Elbertina, Elbertine, Elbertyna**: (Inglés). Noble, gloria

Elcira (teutón). Noble adorno, semejante a un adorno de la nobleza.

Elda o Helda (Germánico). La que batalla.

Electra (Griego). Rubia y dorada como el sol.

Elen: Galés, forma de **Helen** (luz)

Elena / Elina / Helena (Griego). Bella cual aurora, sol al amanecer. Antorcha brillante y resplandeciente.

Eleodora (Griego). Como Elios-Sol. La que vino del Sol.

Eleonora / Eleonor / Leonor / Nélida / Nelly / Nora tres orígenes: (Griego). Compasiva, misericordiosa. Es la forma Italiana de **Leonor**. Bella cual aurora. Del árabe se traduce como iluminada por Dios.

Elethea, Elthia, Elethia: (Inglés). Curadora

Eleusipa: viene del griego y significa la que llega a caballo.

Eleuteria: del Griego y significa mujer que ama la libertad.

Elfega: en Alemán signfiica resplandor en las alturas.

Elfida: del griego y el alemán, significa hija del viento.

Elfreda: procede del alemán, la que los genios protegen. Variaciones: **Elfrida, Elfreda, Elfrieda, Elva, Elvie**.

Elga: variante de **Helga** y **Olga**. Significa la santa.

Elia / Eliana / Eliane / Helia (Griego). Como si fuera el Sol o hija del sol.

Elida (Griego). Natural del valle de Elide, región del Peloponeso donde se celebraban los Juegos Olímpicos.

Eligia: viene del latín y quiere decir la elegida.

Elina. Derivado de **Elena**

Elinda (teutón). Bella lancera.

Eliodora: viene del griego y significa regalo del sol.

Elisa (hebreo). Dios es mi juramento. Variante de **Isabel**. Apócope de **Elisabeth.**

Elisabeth: viene del hebreo y se traduce como la que lleva a Dios en su corazón o también como juramento divino. Variantes: **Isabel, Elisa, Betty, Lisa, Lisbet**.

Elisea (Hebreo). Femenino de Eliseo. Dios es salvación, protege mi salud.

Elisheba (Hebreo). Mi Dios prometió.

Elizabeth, hipocorísticos Ingléses: **Lilibeth**, **Liz**, **Lizzie**, **Bess**, **Bessie**, **Beth**, **Betsie**, **Betty**.
Ella, Elle: (Inglés). Hermosa hada
Elma: diminutivo Italiano de Guillerma. Brava guerrera.
Elmira: (persa) Flor eterna
Elmyra: (Inglés). Noble
Elodía (teutón). Rica de la comarca, mujer del pantano.
Eloína: de raíz latina y significa predestinada.
Eloísa (Germánico). Guerrera de mucha fama, entera, completa.
Elpidia (Griego). El que espera con fe, vive esperanzado.
Elsa Variante germánica de **Elisa** (véase) o de **Elizabeth**. Significa Dios en mi corazón.
Elva: del Alemán antiguo y se traduce como la etérea.
Elvena: (Variantes en Inglés de **Elva**)
Elvia / Helvia (Latín). La que tiene los cabellos rubios.
Elvina. Variante de **Elvia**
Elvira: por la raíz árabe significa la princesa, por la raíz germana amiga del guerrero.
Elvisa (teutón). Guerra famosa.
Ema / Emelina / Emelinda / Emma / Emna (teutón). Significa tierna.
Emelia: del Griego y significa melodiosa, armónica.
Emerenciana (Latín). La que será recompensada.
Emérita: viene del latín y significa la muy meritoria. Variante: **Emerenciana**.
Emeteria: del Griego y se traduce como medio fiera, medio leona.
Emilia (Latín). Trabajadora, audaz.
Emiliana. Forma compuesta por **Emilia y Ana**
Emilse: combinación de Emilia e Ilse.
Emira: femenino del árabe "emir". Significa jefa, comandanta.
Emma Germánico, hipocorístico de nombres cuyo primer elemento era *Ermin*, *Irmin*, como **Ermengarda**, **Ermintruda**, **Ermenilda**, etc. Su significado es "fuerza".
Emperatriz (Latín). La que es soberana.
Ena: diminutivo de eugenia. La de buena cuna.
Encarnación (Latín). Alude a la encarnación de Jesús en su madre María.
Enedina: viene del griego y quiere decir la complaciente.
Engracia: del Latín, la que está en gracia de Dios.
Enid: nombre celta que se traduce como golondrina.
Enit, Enid: Galés, alma
Enriqueta o Enrica (teutón). Príncipe en su tierra, principal en su casa.
Enriqueta: del Alemán y significa la jefa del hogar.
Epifanía (manifestación)

Erda: nombre de la diosa germana de la agricultura.

Eréndira: legendaria princesa mexicana, significa la sonriente.

Eres: Galés, hermosa

Erica o Erika (germánico). Princesa honorable.

Erica: viene del Griego y significa flor de retama.

Erlinda. Variante de **Ermelinda**.

Ermelinda (Germánico). La que es muy dulce, escudo de Dios.

Ermengarda: del Alemán y significa la morada de la fuerza.

Erna, Earna: (alemán). Águila

Ernesta / Ernestina (Germánico). Grande, importante, combatiente.

Ernestine, Enerstyne, Enerstina, Earnestyna: (Inglés). Seria

Erosina: de eros, Dios Griego del amor. La erótica.

Erwina, Erwyna, Earwyna, Aerwyna: Amigas del mar

Escolástica (Latín). La que sabe mucho y enseña.

Eshe: Egipcio, vida

Esmeralda: piedra preciosa, su nombre viene del sánscrito y significa chispas verdes.

Esperanza: viene del latín, significa la que espera.

Estefanía / Stefanía / Stephanie (Griego). Coronada de gloria por la victoria.

Estela (Latín). La estrella del alba. (Propiamente es un conjunto de estrellas).

Estelinda (teutón). La que es noble y da protección al pueblo.

Ester o Esther (Hebreo). Estrella.

Esterina (Griego). La que es fuerte y vital.

Estervina: viene del alemán y significa la amiga oriental.

Esyllt: Galés forma de **Isolda**

Etaina: en irlandés quiere decir la que brilla.

Etel o Ethel. Forma reducida de Etelvina

Etel, Etilka, Ethel (Hebreo). Noble

Etelburga: viene del anglosajón y significa noble protectora.

Etelinda (Germánico). La noble que protege a su pueblo.

Etelvina: viene del alemán y se traduce como noble amiga.

Eteria: viene del "éter" Griego y se refiere al aire puro.

Euda: procede del Alemán y significa la infantil.

Eudocia: en Griego quiere decir la que piensa bien.

Eudosia / Eudoxia / Eufemia (Griego). La afamada, tiene muchos conocimientos.

Eufemia: del Griego y significa de buena reputación.

Eufonia: del Griego y se traduce como la de bella voz.

Eufrasia (Griego). La que está llena de alegría, mujer elocuente.

Eufrosina: viene del Griego y quiere decir alegría.

Eugenia: del Griego y significa la bien nacida, de buena cuna.

Eulalia / Olaya (Griego). La que habla bien, que habla bonito.

Eulogia: del Griego y se traduce como la que elogia.

Eumelia: viene del Griego y quiere decir la meloDiosa.

Eunice (Griego). La victoriosa.

Euporia: del Griego y significa la que camina con gracia.

Eurídice (Griego). La que con justicia da el ejemplo a los demás.

Eusebia (Griego). Respetuosa, piadosa.

Eustaquia: del Griego y significa bien plantada, firme.

Eustasia: viene del Griego y quiere decir la constante.

Eutalia: del Griego y significa la floreciente.

Euterpe: musa Griega de la música y el canto. significa la que entretiene, la que deleita.

Eutimia: del Griego y quiere decir la de buen espíritu.

Eutiquia: viene del Griego y significa la de buena suerte.

Eutropia: del Griego y significa versátil.

Eva (Hebreo). La que da vida; variantes **Eve, Eeva, Evika, Evike, Evacska, Ewa**

Evangelina: del Griego, es la mensajera de buenas noticias.

Evarista: viene del Griego y significa la que llega alto.

Evelia (Hebreo). La que genera vida, bien soleada, luminosa.

Evelina: (Ruso) Vida, la eterna. en inglés, **Evelyn**. Variante de **Evelia**

Evgenia: (Ruso) Forma rusa de Eugenia (noble)

Evodia: viene del Latín y quiere decir la bien encaminada.

Expedita: del Griego y significa dispuesta a luchar.

Expósita: del Latín, la niña expuesta para ser recogida por otra persona.

Eyén (aborigen). Alba.

F

Fabia (Favia/Fabiola) Fabiana: (latín). El cultivador de habas, "faba" que significa frijol. La frijolera.

Fabricia (latín). El artesano, hijo de artesanos.

Facunda (latín). Orador elocuente.

Faith, Faithe, Fayth: (Inglés). Fe.

Fanny. Variante de **Francisca**. Bien coronada, mujer franca, libre.

Faría: viene del hebreo y significa la faraóna.

Farida: de raíz árabe y significa única, sin par.

Faten: árabe Bella, bellísima.

Fátima Árabe. "la niña destetada", "la que dejó de mamar"; otros arabistas interpretan como "la espléndida".

Fausta (Faustina) (Latín).Afortunado, hombre que tiene suerte.

Fayre: (Inglés). Hermosa.

Febe Latín, **Phoebe**, del griego derivado de "resplandeciente"

Febronia: del Latín "febris", fiebre, mujer caliente, hirviente.

Federica (teutón). Pacífico, gobernante favorable para el pueblo y la paz.

Fedora: forma rusa de **Teodora**. Significa dada por Dios.

Fedra (griego). La espléndida.

Felabeorht, Filberta, Felberta: (Inglés). Brilliante.

Felicia (latín). Dichosa y afortunada, variante: **Feliciana, Felisa.**

Felicidad: del latín, significado obvio. Superlativo: felicísima. La forma latina es **Felícitas**. Variante de **Felicia.**

Felipa (griego). El amigo de los caballos.

Felisa. Variante de **Felicia**

Femi: Egipcio, amor

Feodora: (Ruso) forma femenina de **Feodor** Regalo de Dios

Fermina (Latín) Constante y firme en la fe de Dios.

Fern: (Inglés). Helecho.

Fernanda (Germánico). La guerrera que lucha por la paz o viajera que se enfrenta al peligro. Variante: **Ferdinanda.**

Fanci: Galés, sofisticada

Fidela (latín). Digna de confianza.

Fidelia: de origen Latín y significa fidelidad.

Fidencia: del Latín y quiere decir segura de sí misma.

Fifí: diminutivo de Josefina. Significa Dios acrecentará.

Filadelfia: de raíz Griega y quiere decir amiga, hermana.

Filandra: del Griego y quiere decir la que ama a los hombres.

Filemona: del Griego y significa amante, querendona.

Filiberta: del Alemán y quiere decir muy brillante.

Filis (griego). Adornada con hojas.

Filomela: en griego se traduce como amante de las canciones.

Filomena (Griego). Amante del canto.

Filotea: inversión de **Teófila**. Significa la que ama a Dios.

Fiona: en celta quiere decir la blanca.

Fiorella (Latín). Es el diminutivo Italiano de Flor, florecilla.

Flaminia (Latín). Alude a la que pertenece a la casta sacerdotal.

Flérida: de raíz Griega y se traduce como la exuberante.

Fleta, Flyta: (Inglés). Rápida

Flor (Latín). Bella como una flor.

Flora (Latín). La que brota lozanamente.Variantes: **Florencia, Florentina, floriana, Fflorinda, Ffiorella, Ffloralia.**

Florencia (Latín). Que es bella como las flores y derrama su perfume.

Floriana (Latín). La que es hermosa como una flor.

Florinda (Latín). La floreciente.

Fonda: (Inglés). Sensible.

Fortuna (Latín). Personaje de la Mitología Griega, Diosa de los Latíns, significa buena suerte. Variante: **Fortunata** la oportunidad o la afortunada.

Franca (Germánico). Perteneciente a los francos, pueblo Germánico que conquistó y dio nombre a Francia.

Francisca (Germánico). La que lleva la lanza, mujer franca, liberada.

Freda: abreviatura de Winfreda. significa amiga protectora.

Fredegunda: del Alemán y significa defensora en las batallas.

Fredesvinda: en anglosajón se traduce como poderosa en la paz.

Freya (Freyra) (eslavo). La Diosa del amor.

Frida (Germánico). La que lleva la paz, la protectora.

Friné: famosa modelo Griega de deslumbrante belleza. Su nombre, sin embargo, significa hembra del sapo.

Froilana: viene del Alemán y se traduce como señorita.

Fructuosa: viene del Latín y significa fecunda.

Fukayna: Egipcio, inteligente

Fulgencia: del Latín y se traduce como la fulgurante.

Fulvia (Latín). La de cabellos rojos.

Fusca: viene del Latín y quiere decir oscura, negra.

G

Gabina (Latín). La que es oriunda de Gabio (antigua ciudad cercana a Roma donde, según la mitología, fue criado Rómulo).
Gabriela Véase Gabriel. viene del Hebreo y significa Dios es mi protector. diminutivo: **Gaby, Gabina.**
Gala. Variante de **Galia**
Galatea (Griego). La de piel blanca como la leche.
Galenka, Galine, Galya: (Ruso) Dios nos redimirá.
Galina: nombre ruso que significa la gallega.
Garan: Galés, cigueña
Gardenia (Germánico). Alude a la flor de ese nombre. Jardín.
Gasparina: en persa significa la tesorera.
Gaudencia: de raíz latina y quiere decir contenta.
Gay, Gayle, Gail, Gale: (Inglés). Animada
Gea (Griego). Antiguo nombre dado a la tierra.
Gelasia: viene del Griego y significa la risueña.
Gema: viene del Latín y significa piedra preciosa. variante: **Gemma.**
Geminiana: de origen Latín y quiere decir melliza.
Generosa: viene del Latín y significa la que se entrega.
Genoveva (Galés). Blanca como la espuma de mar, de buena estirpe. Variantes **Jenifer, Guenivere, Gaynor.**
Georgina: forma Inglésa de Jorge. significa agricultora. diminutivo: **Gina.**
Geraldina (Germánico). La que reina con la lanza.
Geraldine. Forma francesa de **Geraldina**
Geranio (Griego). Es hermosa como dicha flor.
Gerarda: del Alemán y se traduce como guerrera audaz.
Gerásima: viene del Griego y significa premio, recompensa.
Gerda (teutón). La que está bajo protección.
Germana: natural de germania, es decir, la alemana.
Gertrudis (Germánico). Doncella armada con lanza.
Gervasia: del Alemán y se traduce como lancera y vasalla.
Getulia: natural de la tribu norafricana de los gétulos.
Giannina. Diminutivo italiano de **Juana**
Gijs: (Inglés). Radiante.
Gilberta (Germánico). La que brilla con su espada en la batalla.
Gilda (Germánico). La que está dispuesta al sacrificio.
Ginebra (Galés). La que es blanca y hermosa.
Gines (Griego). La que engendra vida.
Gioconda (Latín). La que está llena de vida.
Giovanna: forma italiana de **Juana**.

Gisela: viene del Alemán antiguo y significa poderosa flecha. variante: **Giselda, Gisa**.

Giselle. Variante francesa de **Gisela** .

Glad, Gleda: (Inglés). Feliz

Gladys: forma céltica de Claudia. significa inválida.

Glan: Galés, que viene de la orilla

Glenda (celta). Valle pequeño y fértil.

Gliceria: viene del Griego y quiere decir la dulce.

Gloria: viene del latín y significa buena fama. Variantes: **Gloriana, Glorianna, Gloriane**.

Glyn Galés, (valle).

Godiva, Godgifu: (Inglés). Regalo de Dios

Godofreda: del Alemán y significa el amparo de Dios.

Goleuddydd: Galés, día radiante

Gorawen: Galés, alegría

Gorgonia: viene del Griego y se traduce como la que aterroriza.

Gracia, Grace, Gracie: (Inglés). Gracia

Graciana (Latín). Que posee gracia.

Graciela: en italiano es diminutivo de gracia. La graciosa. Diminutivo: **Chela**.

Gracilia: viene del Latín y quiere decir grácil, esbelta.

Gregorina (Gregoria) (Latín). Vigila sobre su Grey o congregación.

Greta. Diminutivo de **Margarita**

Gretel. Variante de **Greta**

Grimalda: del antiguo inglés y quiere decir guerrera atrevida.

Grisel. Forma reducida de **Griselda**

Griselda (Germánico). La mujer heroína. Significa la que lucha por Cristo.

Guadalupe (árabe y latín). "Río de lobos" o "río de cascajo negro".

Gualberta: del Alemán y significa el brillo del poder.

Gualteria: forma española del alemán **Walter**. Significa poderoso ejército.

Gúdula: de origen Alemán y significa la protectora.

Guendolen: (Inglés). Distraída, perdida.

Guida: nombre Alemán que significa mujer de la selva.

Guillermina: del Alemán y se se traduce como la que lucha con voluntad.

Guiomar (Germánico). Famosa en el combate.

Gumersinda: del Alemán y significa la que camina hacia la guerra.

Gunda: del Alemán y se quiere decir la luchadora.

Gundelinda (Germánico). La piadosa en la batalla.

Gundenia (Germánico). La luchadora.

Gustava: viene del Alemán y significa bastón de mando.

Gwanwyn: Galés, primavera

Gwen, Gwyn, Guinevere, Gwenhwyvar, Gwyneth, Gwynedd, Gwynne: Galés, Blanca

Gwenabwy: Galés, hija de la vaca

Gwendolina: viene del celta y significa la de blancas pestañas. Diminutivo: **Wendy**.

Gwener: Galés, forma de venus

Gytha, Githa: (Inglés). Regalo

H

Habibah: Egipcio, amor
Hada (Latín). La que sigue el destino.
Haidée: viene del Griego y significa mimada, acariciada.
Halima (árabe). La que soporta el sufrimiento.
Hannah (Hebreo). Gracia favor.
Haqikah: Egipcio, honesta
Hasina: Egipcio, buena
Hathor, Hathor-sakmet: Egipcio, diosa de la destrucción
Hayde o Haydée (Griego). Mujer sumisa y recatada.
Hayley: (Inglés). Que viene del heno.
Hazel: viene del inglés y se refiere a las motas blancas y suaves del avellano.
Heallfrith, Hallfrita, Halfryta, Halfrith: (Inglés). Hogar pacífico
Hebe: Diosa Griega de la juventud. Significa juvenil.
Heda (Germánico). La guerrera.
Heidi Variación de **Adelaida**.
Helena: variante de **Elena**. significa antorcha.
Helenka: (Ruso) Luz
Helga (eslavo). Variante de **Olga**: la sublime, santa.
Heli. Forma reducida de **Heliana**
Helia: viene del Griego y significa mujer solar.
Heliana (Griego). La que se ofrece a Dios.
Heliodora: en Griego se traduce como regalada por el sol.
Heloísa (Germánico). Variante gráfica de **Eloísa**. La guerrera famosa.
Helvia (Latín). Variante de **Elvia**. Que es rubia.
Heraclia: en Griego quiere decir mujer fornida.
Herculana: del Griego y significa de gran tamaño.
Heriberta: del Alemán y se traduce como brillante guerrera.
Hermelinda (Germánico). La que es escudo de la fuerza.
Hermenegilda: viene del Griego y significa la intérprete.
Hermilda (Germánico). La batalla de la fuerza.
Herminda (Griego). La que anuncia.
Herminia: del Alemán y significa mujer del ejército.
Hermione (Griego). La que anuncia.
Hersilia (Griego). Que es delicada, tierna.
Hertha: (Inglés). De la tierra.
Herundina (Latín). Como una golondrina.
Higinia: viene del Griego y significa la saludable.
Hilaria (Latín). La que es alegre.

Hilda o Ilda (Germánico). La heroína en la lucha.

Hildebranda: del Alemán y significa espada de la batalla.

Hildegarda (Germánico). La que espera para luchar.

Hildegunda (Germánico). Luchadora heróica.

Hilmer: deriva del Alemán y significa famosa guerrera.

Hipólita (Griego). La que desata sus caballos y se apresta para la lucha.

Hlynn: (Inglés). Cascada

Holly, Holea, Halig: (Inglés). Santa

Homera: antigua raíz Griega, significa mujer que no ve.

Honey, Hunig, Honbria, Honbrie: (Inglés). Miel, dulce.

Honorata: viene del Latín y significa honrada, honorable. variante: **Honoria**.

Hope: (Inglés). Esperanza.

Horacia: del Latín y significa la que anuncia las horas.

Hortensia (Latín). La jardinera.

Hrothbeorhta, Hrothberta, Hrothnerta, Hrothbertina: (Inglés). Famosa

Humbelina: en Latín quiere decir la que da sombra.

I

Iafa (Hebreo). Bella hermosa, **Jaffa**

Ianina (Hebreo). Variante de **Giannina**: diminutivo italiano de **Juana** (la llena de gracia divina).

Iara (tupí). La que es una señora.

Iciar o Iziar (vasco). Nombre de **María**.

Ida (Germánico). La que es diligente y bondadosa

Idalia: apodo de la diosa griega Venus. Significa yo vi el sol.

Idalina. Diminutivo de **Ida**

Idara (Latín). Prevenida.

Idelia (Germánico). Perteneciente a la nobleza.

Iedidá (Hebreo). Amada

Ife: Egipcio, amor

Ifigenia (Griego). De gran fuerza y vitalidad.

Ignacia (Latín). La ardiente y fogoza.

Ilde, Idla: (Inglés). Batalla

Ildefonsa: del Alemán y quiere decir lista para la batalla.

Ildegunda (Germánico). La que sabe combatir.

Ileana (Griego). De belleza esplendente.

Ilia: (Ruso) El señor es Dios

Ilona. Forma húngara de **Elena**

Ilse: nombre de una ninfa germana de los ríos.

Iluminada: del Latín, la que ha recibido la luz divina.

Imelda (Germánico). La que lucha con gran fuerza o Dios escucha.

Indalecia: viene del Latín y significa la compasiva.

Indiana (Griego). Perteneciente a las Indias. Es decir, al continenete americano.

Inés (Griego). Casta, pura, cordera.

Inga: nombre escandinavo que se traduce como al amparo de Dios.

Ingrid (sueco). La hija o la que cabalga con los dioses.

Inmaculada (latín). La que es limpia, sin mácula.

Inocencia: viene del latín y significa la inofensiva.

Iona (Griego). La joya pura.

Iracema: en tupí se traduce como salida de la miel. Es anagrama de **América**.

Iraida: viene del árabe y se traduce como la deseada.

Irena, Irina: (Ruso) Paz

Irene Griego, "paz".

Irenea: del Griego y significa la pacífica.

Iriel (Hebreo). Variante de **Uriel**. Dios es mi luz.

Iris (Griego). La de hermosos colores.

Irisa: (Ruso) Arcoiris

Irma (Germánico). Que se consagra a Dios.

Irupé (guaraní). Se refiere a la planta acuática del mismo nombre.

Irvette, Irvetta: (Inglés). Amigas del mar.

Isabel (Hebreo). Dios es mi juramento. Variantes **Izabella, Isabelle, Isabella, Isibeal**

Isadora. Variante de **Isidora**

Isberga (Germánico). La que protege espada en mano.

Iselda (Germánico). La que permanece fiel.

Isidora: en Latín significa regalo de isis, diosa egipcia de la fecundidad. Variante: **Isidra**.

Ismelda (Germánico). Que utiliza la espada en la lucha.

Ismenia (Griego). La que espera con ansiedad, de la mitología Griega, hija de Edipo y Yocasta.

Isolda (Germánico). La que domina y es gran luchadora.

Isolina. Variante de **Isolda**

Itala: en Latín significa la italiana.

Itatay (guaraní). La campanilla.

Itatí (guaraní). Piedra blanca.

Ivana o Ivanna. Variante rusa de **Juana**: Llena de la gracia de Dios.

Iverna (Latín). La que nació en invierno.

Ivón. Variante de **Ivonne**

Ivonne: viene del Alemán y significa arquera, flechera. variante: **Ivette**.

Ivy, Ivey, Ifig: (Inglés). Hiedra.

J

Jacarandá: en idioma tupí, flor muy fragante.

Jacinta (giego). Que es bella como la flor del jacinto.

Jacobina: de raíz hebrea, significa la suplantadora.

Jacqueline (Hebreo). Forma francesa de **Jaquelina**: la que suplantó a su hermano. Femenino de **Jacobo**.

Jael (Hebreo). La que es arisca como la cabra del monte.

Jaia (Hebreo). Viva.

Jamila o Yamila (árabe). La bella.

Jamila: viene del árabe y se traduce como hermosa, linda.

Janet, Jane, Jayne, Janetta, Janette, Janice, Janis, Joan, Joanna, Johanna, Jone, Jan, Jenda, Jana, Jaine, Janie, Janne, Janine, Janka, Janina, Janita, Jansje, Jans, Jaantje, Juana, Jjuanita, Joka (Hebreo). Regalo de Dios

Janina (Hebreo). Gracia

Javiera: de raíz vasca y se traduce como casa nueva.

Jazmín: viene del persa y significa flor de la esperanza.

Jeftzibá (Hebreo). Mi deleite esta en ella.

Jelena: (Ruso) Brillante como la luz

Jenara (Latín). Consagrada al Dios Jano. se refiere al mes de enero.

Jendayi: Egipcio, agradecida

Jennifer (celta). Espíritu blanco. Como la espuma

Jenny: diminutivo inglés de **Juana**.

Jerónima: en griego se traduce como la de nombre sagrado.

Jerusalén (Hebreo). La visión de la paz.

Jessica Hebreo, "la que se encuentra protegida por Dios".

Jesusa (Hebreo). El salvador.

Jezabel (Hebreo). El juramento de Dios.

Jimena: viene del Hebreo y significa Dios escucha.

Joaquina (Hebreo). A la que Dios le da firmeza en su vida.

Jocelyn, Joscelyne, Josceline, Jocelyne: (Inglés). Bromista.

Jordana (Hebreo). La regeneradora y purificadora.

Jorgelina. La que trabaja bien el campo.

Josefa. (Hebreo) Ojalá que Dios la engrandezca. **Variantes Josepha, Josephine, Josette, Josetta, Josephina, Joxepa, Josebe, Jjose, Josie, Josee, Jozsa**

Jovita (Latín). La que vino de Júpiter.

Juana (Hebreo). Llena de la gracia de Dios.

Jucunda: viene del Latín y se traduce como mujer que da gusto.

Judith (Hebreo). La alabanza de Dios.

Julia: viene del Latín y significa pelo de leche, es decir, la criatura recién nacida. Variantes: **Juliana, Julie, Julieta.**

Juno (Latín). La que es muy joven.

Justa (Latín). Que vive para y según la ley de Dios.

Justina: viene del Latín y quiere decir justa. Variantes**: Justa, Jjustiniana.**

Juvencia (Latín). La juventud.

Juventa: ninfa Griega rejuvenecida por los dioses, la juvenil. Variante: **Juventina**.

K

Kakra: Egipcio, gemelas
Kaled (árabe). Inmortal
Kamilah: Egipcio, perfección
Kanika: Egipcio, negra
Karen (Griego). Variante danesa de Catalina. La de casta pura.
Karin. Variante de **Karen**
Karina. Variante sueca de **Catalina**
Karla Teutón, "de gran resistencia y pensamientos firmes". Femenino de **Carlos**.
Katherina: forma escandinava de Catalina. Variantes: **Karen, Karin.**
Katia: diminutivo ruso de **Catalina**, también **Katiuska.**
Katy: diminutivo inglés de Catalina. también **Kathleen.**
Keila. (hebreo) Fortaleza.
Keket: Egipcio, Diosa de la oscuridad
Kelly: deriva del celta y se traduce como la valiente.
Keren (Hebreo). Abundancia
Kerrie, Kerry: (Inglés). Regla
Khepri: Egipcio, sol naciente
Kimberly, Kim, Kimbra: (Inglés). que viene de Fortress Meadow
Kimbrough, Kimbro: (Inglés). Que viene de los campos reales.
Kira, Kirochka: (Ruso) Forma rusa de **Helen**. Luz
Kisa (Ruso) Gatito
kiska, katya, katarina, katyenka, katyuska, katherina: (Ruso) pura
Kissa: Egipcio, hermana de gemelos
Ksana, Ksanochka: (Ruso) Alabanza de Dios

L

Laica: viene del Latín y quiere decir la popular.
Laila (árabe). La hermosa.
Lais (Griego). La que es amable.
Lakmé: Diosa hindú del amor. Significa nacida en leche.
Landelina: viene del alemán y quiere decir la patriota.
Landrada (Germánico). Consejera en su pueblo.
Laodamia (Griego). La que domina su pueblo.
Laodicea (Griego). La que es justa con su pueblo.
Lara, Larisa, Larissa, Lanassa: (Ruso) Alegre
Lark, Larke: (Inglés). Alondra.
Lassie, Lasse, Llass: (Inglés). Niña.
Laudelina: del Latín y significa la que merece ser alabada.
Laura (Latín). Coronada de laureles. Alude al laurel como símbolo de la victoria. variantes: **Laureana, Lara, Larissa, Lora, Lorenza, Loreta, Laurencia**.
Laureana (Latín). Triunfadora o digna de laurel.
Laurencia. Variante de **Laura**
Lavinia: viene del Latín y significa la pintora.
Layla: Egipcio, nacida de noche
Lea (Hebreo). Variante de **Lía**. La fatigada. Variante: **Lía**.
Leandra (Griego).Que sufre y es paciente.
Leda (Griego). La que es una dama.
Leigh, Ley, Lee, Lea, Leah, Leia: (Inglés). Prado
Leila (árabe). Hermosa como la noche. En latín, la que es locuaz.
Lena (Hebreo). Forma reducida de Magdalena. La magnífica, la que vive sola en el torreón.
Lenusya: (Ruso) flores
Leocadía (Griego). La que resplandece por su blancura, amistosa.
Leocricia (Griego). Que juzga bien a su pueblo.
Leoma: (Inglés). Brillante
Leonarda (Latín). Fuerte y brava como un león.
Leonela. Variante de **Leonilda**
Leonilda (Germánico). La luchadora.
Leonor (Griego). Fuerte, pero compasiva y misericordiosa. Diminutivo: loretta.
Leonora. Variante de **Leonor**
Leopolda (Germánico). La princesa del pueblo.
Leopoldina. Variante de **Leopolda**, viene del alemán y quiere decir audaz en el pueblo.

Lesbia (Griego). Originaria de Lesbos, isla griega. Significa la poetisa, la intelectual.

Leticia (Latín). La que trae alegría y placer.

Levina, Levene, levyna: (Inglés). Destello.

Lía (Hebreo). La fatigada.

Liana. Variante de **Juliana**, significa recién nacida.

Líbera (Latín). La que distribuye abundancia.

Liberata: viene del Latín y se traduce como mujer liberada. variante: **Librada**.

Libertad (Latín). La que posee facultad para obrar el bien.

Liberty: (Inglés). Libertad

Libia (Latín). Proviene del desierto.

Libitina (Latín). A la que se quiere.

Libna (Latín). La blancura.

Liboria (Latín). La que nació en Libor (nombre de varias ciudades antiguas de España y Portugal). Significa la que ama a los niños.

Licia. Variante de **Lucía**. La que nació con la primera luz.

Lida. Variante de **Lidia**.

Lidija, Lidía, Lidiya, Llidochka, Lida: (Ruso) Que viene desde Lidia.

Liduvina (amiga de la gente)

Ligia Griego "de sonido claro, agudo": "la melodiosa".

Lila (árabe). De color azulado. Se refiere al arbusto de flores lilas, como la flor de lirio.

Lilián. Variante de **Lilia**

Liliana. Variante de **Lilia**, significa lirio. Variantes: **Lilia**.

Lilit: en Hebreo significa la nocturna.

Lilybeth: Galés, promesa de Dios

Lina (Latín). La que teje el lino. Diminutivo de **Carolina, Adelina, Angelina, Catalina**.

Linda: si es de origen español significa la bella, si es de origen Alemán significa la escudera.

Lindsay, Llindsey: (Inglés). Que viene de Linden-tree Island

Liria: femenino de lirio, flor inmaculada.

Lis (latín). Hermosa como el lirio.

Lisa. Variante de **Elisa**, significa juramento divino.

Lisandra: del Griego y se traduce como mujer rabiosa.

Lissa, Lyssa: (Inglés). Miel

Lita: en Griego quiere decir la que suplica.

Livia (Latín). La de color verde oliva.

Liza. (Hebreo) devota de Dios, variantes **Lemuela, Lise, Liza, Lisabette, Lisabet, Lisavet, Liesbeth, Liesbet, Lizbeth, Lizbet**

Lodema, Lodima, Lodyma: (Inglés). Guía.

Loida: variante de **Luisa**. Significa famosa guerrera.

Lola. Forma reducida de Dolores.

Lona, Lloni: (Inglés). Solitaria

Loreley: de raíz germana y quiere decir roca hechizada.

Lorena (Latín). Natural de Lorena (Francia), variante francesa **Laura**. Significa la laureada.

Lorenza (Latín). Coronada de laureles.

Loreta. Variante de **Loreto**

Loreto (Latín). Lugar poblado de laureles.

Lotus: Egipcio, flor de loto

Love, Lov: (Inglés). Amor.

Lowri: Galés, forma de **Laura** (laurel)

Lubiana: en eslavo significa mujer amada.

Lubmilla: (Ruso) Cariñoso

Lucelia. Variante de **Luz y Celia**

Lucero (Latín). La que lleva la luz. Se refiere a venus, la estrella de la mañana.

Lucía (Latín). Nacida en la primera luz.

Luciana. Variante de **Lucía**

Lucila. Variante de **Lucía**

Lucina (Latín). Que asiste en los nacimientos.

Lucrecia (Latín). La que es pura, casta y provechosa. Significa la que gana mucho.

Lucy (Latín). Variante Inglésa de **Lucía**.

Ludmila (eslavo). Amada por el pueblo.Variante: **Luzmila.**

Ludovica (Germánico). La guerrera famosa.

Luisa (Germánico). La guerrera famosa.

Luisina (Germánico). Variante de **Luisa**

Luna: en Latín significa la que brilla.

Lutgarda (Germánico). La que protege a su pueblo.

Luz (Latín). Que irradía claridad.

Lynn, Lyn, Lin, Linne: (Inglés). Cascada

Lyubov: (Ruso) Caridad

Lyudmila, lyuba, lyubochka, luda, ludmila: (Ruso) amor al pueblo,

M

Maat: Diosa del orden y la justicia

Mabel: en francés significa mi bella y en latín amable.

Macarena (Griego). Que lleva la espada.

Macaria: del Griego y se traduce como la afortunada.

Maclovia: del latín y significa la que tiene larga vida.

Macra (Griego). La que engrandece.

Mafalda: variante portuguesa de **Matilde**.

Magalí. Variante provenzal de **Margarita**, derivado de la planta sudamericana magalia.

Magdalena (Hebreo). Proveniente de Magdala. Variantes **Magda, Magdalen, Magdalene, Magdala, Magdalena, Madalen, Maialen, Matxalen, Madel, Maidel, Madeleine, Madelaine, Madelene, Madelena, Madalyn, Malina, Marlene, Marlena**

Magna: en Latín quiere decir grande.

Magnolia: nombre de la blanca flor americana.

Mahlí (Hebreo). Astuto, **Majalí**

Mahsa: Persa, Semejante a la luna.

Maia (Griego). La del instinto maternal.

Maida. Variante de **Magdalena**

Mair: Galés, agrio

Maira (Latín). La que es maravillosa.

Maitane, Maite, Maitena: Amor

Malají (Hebreo). Mi mesanjero

Malena. Forma reducida de **Magdalena**

Malisa. Forma compuesta por **María y Elisa**.

Malú: combinación de **María y Luisa**.

Malvina (Germánico). Amiga de la justicia. Derivado de la flor de malva.

Mamerta: deriva del Latín y se traduce como la belicosa.

Mandisa: Egipcio, dulce

Manila (Latín). La mujer de pequeñas manos.

Manón. Variante de **María**

Manuela (Hebreo). Dios está con nosotros.

Mara (Hebreo). La amargura.

Marcela (Latín). Que trabaja con el martillo.

Marcia (Latín). La consagrada al Dios Marte o nacida en marzo.

Margarete, Margosha: (Ruso) Forma rusa de **Margaret**. Perla

Margarita (Latín). Que es bella como las perlas. Diminutivos: **Margot, Marga, Maggie, Peggy, Greta, Rita. Marged, Margred, Mererid, Meghan**.

Marjan: (Persa) Coral.

María: Hebreo. Amargura, rebelión.

Marián. Forma reducida de **Mariana.**

Mariana (Latín). Consagrada o perteneciente a **María**.

Marianela. Forma compuesta por **Mariana y Estela**

Mariángeles. Compuesto de **María y Angeles**

Marianne, Marianna: (Ruso). Rebelde

Maribel. Compuesto de **María e Isabel**

Maricel. Compuesto de **María y Celia**

Maricruz. Forma compuesta de **María y Cruz**

Mariel. Variante de **Marlene**

Mariela. Variante de **Marlene**

Marilín: combinación de **María y Linda**.

Marilina. Compuesto de **María y Celina**

Marilú. Compuesto de **María y Luz** .

Marina (Latín). La que ama el mar.

Marina Véase **Marino**, significa marinera.

Marine. Voz francesa de **Marina**.

Marinochka, Marina: (Ruso) que viene desde el mar.

Marión. Variante de **María**

Marisa. Compuesto de **María y Luisa** .

Marisabel. Compuesto de **María e Isabel**

Marisol. Forma compuesta de **María y Sol**

Marlene. Combinación de María y Elena.

Marquisela: en francés significa la pequeña marquesa.

Marta o Martha (Hebreo). Dama, atractiva, la que reina en el hogar.

Martina (Latín). Consagrada a Marte. Femenino de **Martín**.

Maruja: variante coloquial de **María.**

Masha, Mara, Marisha, Manya, Mura, Maruska, Marusya: (Ruso) Agrio

Masika: Egipcio,   nacida durante la lluvia

Massiel: en hebreo quiere decir la que baja de las estrellas.

Matahari: nombre indonesio que significa luz del día.

Matea: del Hebreo y significa regalo divino.

Matilde (Germánico). La virgen poderosa en la batalla o que lucha con fuerza.

Maura (Latín). La de piel morena, se refiere a mauritania, país de los moros. la morena. variante: **Mauricia.**

Mavra: (Ruso) Oscuro

Máxima (Latín). La grande.

Maximiliana (Latín). La mayor de todas, se traduce como la más importante mujer.

Máxima: del latín y significa la mejor de todas, la máxima.

Maya: en Griego se traduce como la partera.

Medea (Griego). La que piensa. significa la intrigante.

Mei: Nombre chino que quiere decir dulce, suave.

Melanie o Melany (Griego). La de piel negra, y refiere a la mujer de ojos y pelo negros.

Melba: contracción inglesa de la ciudad australiana de Melborune. Significa riachuelo.

Melchora: en Hebreo significa reina de la luz.

Melecia: de raíz Griega y significa la estudiosa.

Melibea: en Griego se traduce como la que cuida de los bueyes.

Melinda (Griego). La que canta armoniosamente. Algunos autores la dan como variante de **Ermelinda.**

Melisa (griego). Laboriosa como la abeja. Se traduce dulce como miel de abeja. Variantes: **Melina, Melaida**, **Melita, Melitona.**

Melusina (Griego). Que es dulce como la miel.

Mercedes (latín) Misericordia, favor.

Mercy: (Inglés). Compasiva

Meredith, Maredud, Meredydd: Galés, magnífica

Mertice, Maertisa, Mertysa, Mertise: (Inglés). Famosa

Mesi: Egipcio, agua

Meskhenet: Egipcio, destino

Messalina: viene del Latín y significa la desenfrenada.

Metodía: de origen Griego y quiere decir la metódica.

Mía: diminutivo de **María.**

Micaela (hebreo). ¿Quién es como Dios? variante: **Miguelina.**

Michelle. Forma francesa de **Micaela**

Micol (Hebreo). La que reina.

Mika: (Ruso) Hijo de Dios

Milagros: del Latín y significa prodigio, maravilla.

Milburga (Germánico). La amable protectora.

Milca. Variante de **Micol**

Mildred: combinación del Alemán antiguo y significa suave y fuerte a la vez.

Mildreda (Germánico). La consejera.

Milena, **Mila**: (Ruso) amor al pueblo

Minerva (Latín). La llena de sabiduría. Diosa romana de la sabiduría. La pensadora.

Mirabel: en Latín se traduce como maravillosamente bella.

Miranda (Latín). Maravillosa.

Mireya (provenzal). La admirada. Variante francesa de **Miranda.** Digna de admiración.

Miriam o Myriam. Forma hebrea de **María**

Mirla: de raíz latina y quiere decir la que admira.

Mirna o Myrna (Griego). Suave como el perfume o la amada.

Mirta o Mirtha (Griego). Corona de mirtos.

Mitra (persa). La que pactó con el Ser supremo.

Modesta (Latín). Que es moderada en sus actos.

Moira (celta). Variación del antiguo nombre irlandés de **María**.

Mona: en Irlandés se traduce como mujer noble.

Mónica (Griego). Monja, solitaria, la de vida recatada, la que ama estar sola.

Monique, Monika.

Monifa Egipcio, suerte

Monserrat (catalán). Monte escarpado, monte en forma de sierra.

Moraima: en lengua indía de los guarapos, frondosa y hermosa como el árbol de la mora.

Morela: en Latín quiere decir pequeña mora, la morita.

Morgan, Morgana, Morgant: Galés, que viene de las orilla del mar

Moriah (Hebreo). Dios proveerá

Mosi: Egipcio, primer nacida

Moswen: Egipcio, blanca

Mukantagara: Egipcio, nacida durante la guerra

Munira (árabe). La que es fuente de luz.

Muriel (Irlandés). La mujer reconocida.

Mut: Egipcio, madre

Myfanawy: Galés, fina

N

Nabirye: Egipcio, madre de gemelos

Nadezhda: (Ruso). Esperanza, variantes **Nadía**, **Nadya**, **Nadie**, **Nadine**, **Nadezhna**. Significa esperanza. En francés, **Nadina**. **Nadyenka**, **Nadenka**.

Nadia (árabe). La que recibió el llamado de Dios.

Naeemah: Egipcio, benevolente

Nahama (Hebreo). Dulzura

Nahir (árabe). Como el arroyo manso.

Naná (Griego). La que es niña, joven.

Nancy: diminutivo inglés y francés de Ana. La agraciada.

Nantilde (Germánico). Osada en el combate.

Naomi (Hebreo). Mi placer

Narcisa (Griego). Que se adormece. Nombre de flor, en griego significa la embriagadora.

Natalia (Latín). Nacimiento. Variantes, **Natasha**, **Natascha**, **Nitca**, **Natasia**, **Natalia**, **Natyashenka**, **Tasha**.

Nesha, **Nessa**, **Nesya**: (Ruso) Forma rusa de **Agnes**. Pura

Nikolaevna, **Nika**: (Ruso) Al lado de Dios

Nathifa: Egipcio, pura

Natividad (Latín). Nacimiento.

Naunet: Egipcio, Diosa del océano

Nayla (árabe). La que tiene grandes ojos.

Nazarena (Hebreo). Oriunda de Nazaret.

Nazaret (Hebreo). El brote que floreció.

Neda: (Inglés). Tutor rico

Nélida. Variante de **Eleonora**, significa antorcha.

Nellwyn, **Nelwin**, **Nelwina**, **Nelwyna**: (Inglés). Amiga genial

Nelly. Variante de **Nélida,** diminutivo inglés de Helena. Otra variante: **Nelia**.

Nemesia (Griego). La que hace justicia distributiva.

Nerea (Griego). Que manda en el mar.

Nereida: ninfa Griega de los mares. La nadadora.

Nerina (Latín). Que vive en la región de Nera (río de Umbria).

Net, Neith: Egipcio, madre divina

Nicanora: del Griego y se traduce como la victoriosa.

Nicasia: del Griego y significa la triunfadora.

Nicolasa: viene del Griego y significa victoria popular. En francés, **Nicole**, **Colette**.

Nicole (Griego). Forma francesa de **Nicolás**. La que lleva el pueblo a la victoria.

Nidía o Nydía (Griego). La que está llena de dulzura, quiere decir la que vive en el nido.

Nikita, Nakita: (Ruso). Victoria del pueblo

Nilda. Forma reducida de **Brunilda**

Nile: que viene del Nilo

Nimia (Latín). La que ambiciona, mujer exagerada.

Nina. Variante de **Ana.**

Ninfa (Griego). La joven esposa, significa novia.

Ninochka, Nina: (Ruso). Bendición.

Ninoska: diminutivo ruso de **Juana,** de **Nina.**

Niobe (Griego). La que rejuvenece.

Noel. Variante de **Natalia**, variante francesa de **Natalia**. significa nacimiento.

Noelia (Latín). Variante de **Noel**

Noemí (Hebreo). Delicia, dulzura.

Nominanda (Latín). La que será elegida.

Nona: en Latín significa novena, la novena hija.

Noor: (árabe y persa) Luz

Nora (árabe). Niña.

Norka: en lengua eslava significa la nórdica.

Norma (Germánico). Que proviene del norte. Por la raíz latina significa regla, por la raíz noruega, mujer del norte.

Nubia: en Griego quiere decir mujer desnuda.

Numeria (Latín). La que elabora, que enumera.

Nuria: en catalán significa pueblo entre cerros.

Nurith: Nombre de una flor de Israel.

Nuru: Egipcio, nacida de día

Nusa: Diosas griegas que protegían las bellas artes.

O

Obdulia: viene del árabe y significa sierva de Alá.

Octavia (Latín). Octava hija de la familia, significa ocho. la octava hija. Variante: **Octaviana**.

Odila (Germánico). La que es dueña de cuantiosos bienes. Variantes: **Otilia, Oda.** Diminutivo: **Odette**.

Ofelia (Griego). La caritativa, la que socorre.

Oksanochka, Oksana: (Ruso) alabanza de Dios

Olegaria: raíz latina de "óleo", aceite. La aceitera.

Olga, Olya, Olenka, Olechka: (Ruso) Santa, forma rusa del escandinavo helga.

Olimpia (Griego). La que pertenece al Olimpo (morada de los dioses).

Olinda (Germánico). La protectora de la propiedad.

Oliveria: en Latín significa la que posee huertos de olivos.

Olivia (Latín). La que trae la paz. Significa oliva. La rama del olivo es símbolo de paz. Mujer pacífica.

Olwen, Olwyn, Olwina, Olwyna: Galés, pisada blanca

Omaira: en árabe quiere decir la constructora.

Ondina (Latín). Doncella de las olas.

Onésima: del Latín y significa cargada con mucho trabajo.

Onfalia: en egipcio quiere decir la que hace el bien.

Oralia: viene del Latín y significa mujer de oro.

Oralie, Orelia: (Inglés). Dorado

Orfelina: en italiano quiere decir huérfana.

Orfilia (Germánico). La mujer lobo.

Oria (latín). De oro, dorada.

Oriana: del antiguo francés y se traduce como aurora.

Orlenda: (Ruso). Águila.

Ornella (Latín). La que es como el fresno florido, avecilla.

Orquídea: nombre de flor cuya raíz griega significa testículo.

Otilde. Variante de **Otilia**

Ovidía (Germánico). La que cuida las ovejas.

P

Paciana: de raíz latina y quiere decir la pacífica.

Paciencia: en latín se traduce como la tolerante.

Pacomia: viene del griego y significa la gorda.

Palaciada (Griego). La de mansión suntuosa.

Palixena (Griego). La que retorna del extranjero.

Palma (Latín). Simboliza la victoria.

Palmira (Latín). La que vive en la ciudad de las grandes palmas.

Paloma (Latín). Apacible y mansa.

Pamela (Griego). Significa la que es toda miel, la dulcísima.

Pancracia (Griego). Que tiene todo el poder.

Pandora (Griego). La que posee muchas virtudes.

Pánfila: viene del Griego y quiere decir amiga de todos.

Paola. Forma Italiana de **Paula**

Parasha, Parashie, Pasha: (Ruso) Nacida un buen viernes.

Parmenia: del Griego y se traduce como la perseverante.

Partenia (Griego). La que es pura como una virgen.

Pascuala: del Hebreo y significa la que pasa de la muerte a la vida.
Variante: **Pascualina**.

Pastora: del Latín y se traduce como la que apacienta.

Patricia (Latín). De noble estirpe. Significa digna de sus padres.
Diminutivo: **Patty.**

Paula (Latín). De baja estatura. y significa pequeña, humilde. Variantes:
Paulina. Diminutivo: **Pola.** En Italiano, **Paola.**

Pauline, Paulina: (Ruso) Pequeña

Paz (latín). Serenidad, sosiego, calma.

Peace, Pax: (Inglés). Pacífica.

Pelagia: viene del Griego y significa la marítima.

Penélope (Griego). La que teje mantos. Diminutivo: **Penny.**

Perfecta: viene del Latín y quiere decir bien hecha.

Perla (Latín). Persona de excelentes prendas.

Perpetua: viene del latín y significa la invariable.

Pérsida: mujer nacida en persia, persa.

Petra (griego). Piedra.

Petrona (Latín). Que pertenece a la noble familia romana Petronia (de los Pedros).

Petronia, Petronila. Hija de Pedro.

Philberta: (Inglés). Brilliante

Pía (latín). Inclinada a la piedad. Significa la que cumple su deber con los dioses.

Piedad (Latín) P*ietas*, "sentido del deber", "devoción hacia los dioses, los parientes", de *pius*, "piadoso".

Pilar (Latín). *Pila*, "Pila, Pilastra, Pilar". Hipocorístico: Pili.

Pimpinela: rosa silvestre muy pequeña y tupida de pétalos.

Piuquén (Araucano). Corazón.

Placencia: en latín significa mujer placentera.

Plácida: viene del latín y quiere decir quieta, apacible.

Polibia: viene del griego y significa llena de vida.

Policarpa: de raíz Griega y se traduce como muy fecunda.

Polidora: en griego significa la que da mucho, la generosa.

Polixena (Griego). La hospitalaria.

Pompeya: del Latín y quiere decir pomposa, fastuosa.

Pompilia: deriva del latín "cinco". La quinta hija.

Ponciana: viene del griego y se traduce como marinera.

Popea (Griego). La madre venerable.

Poppy: (Inglés). Flores

Porfiria: del Griego y significa de color púrpura.

Práxedes (Griego). De firmes propósitos. Quiere decir activa, emprendedora.

Preciosa (Latín). Que posee gran valor y precio.

Primavera (Latín). La de pleno vigor.

Primitiva (Latín). La primera de todas.

Priscila (Latín). De otra época, la antigua, anciana.

Procopia: del Griego y significa la que marcha hacia adelante.

Prócula: del Latín y se traduce como la nacida mientras el padre está lejos.

Proserpina (Griego). La que desea aniquilar.

Próspera: viene del Latín, la que prospera.

Providencia: del Latín y se traduce como prevenida, cautelosa.

Prudencia (Latín). Que obra con juicio y sensatez.

Pulqueria (Latín). La hermosa.

Pura (Latín). La que no tiene mancha. Significa inocente, casta.

Q

Queen, Queenie: (Inglés). Reina.
Querina (árabe). La generosa.
Quillén (Araucano). La lágrima.
Quintilia: del Latín y significa la nacida en el quinto mes, es decir, en julio.
Variante: **Quintiliana.**
Quionia (Griego). La que es fecunda
Quirina (Latín). La que lleva la lanza.
Quiteria: la nacida en la ciudad de citeres, en creta.

R

Radegunda (Germánico). Que aconseja en la lucha.

Rafaela: viene del hebreo y significa Dios sana.

Rahil: (árabe) Partida, dejar a alguien.

Rahil: (Ruso) Forma rusa de **Raquel**

Raimunda: del Alemán y quiere decir protegida por los dioses.

Raingarda (Germánico). La defensora prudente.

Raisa: en idioma guarao significa amiga.

Rajel (Hebreo). Oveja de Dios

Ramona (germánico). La protectora que da buenos consejos.

Raquel (Hebreo). Oveja de Dios.

Raquildis (Germánico). La princesa combatiente.

Ratrudis (Germánico). La consejera fiel.

Rayén (Araucano). La flor.

Rebeca (Hebreo). Lazo, de belleza encantadora.

Regina (Latín). La reina y significa la reina. diminutivo: **Gina.** régula: en Latín quiere decir la que vive según las reglas.

Reina. Variante de **Regina** .

Relinda (Germánico). La princesa bondadosa.

Remigia: la raíz latina se refiere al remo. La remera.

Renata (Latín). Que ha vuelto a la gracia de Dios, renacida.

Renée. Forma francesa de **Renata** .

Restituta: del Latín, la restituida, la restablecida.

Rhan: Galés, destino

Rhawn: Galés, cabello largo

Rhedyn: Galés, helecho

Rhonwen: Galés, forma de **Rowena**

Rhosyn: Galés, rosa

Ricarda (Germánico). La que es muy poderosa.

Rigoberta: del Alemán y se traduce como brillante consejera.

Rillette, Rilletta: (Inglés). Oleada

Rina (Germánico). Que posee el don divino.

Rita (Latín). Forma reducida de **Margarita .**

Roberta (Germánico). La que resplandece por su fama.

Robustiana: en latín quiere decir de buena madera.

Rocío: del sánscrito y significa frescura de la tierra.

Rodía: nombre Griego que significa rosa.

Rodriga: del Alemán y se traduce como dirigente famosa.

Rogaciana: del Latín y quiere decir mujer rogada, suplicada.

Rogelia: del Alemán y se traduce como lanza gloriosa.

Romana (Latín). Nacida en Roma.

Romilda: en Alemán significa famosa combatiente.

Romualda: del Alemán y significa la gloriosa gobernante.

Roquelia: del Alemán y quiere decir grito de guerra.

Rosa Latín, *rosa*. Variantes: **Rosalía, Rosalinda, Rosana, rosaura, rosina, roana, roslyn.**

Rosalba (Latín). La rosa del alba.

Rosalía. Forma compuesta por Rosa y Lía

Rosalinda Germánico, *Rosalind*, de *hruot*, "fama, honor" y *lind*, "escudo": "el escudo de la fama", "la protección del honor", como **Rosamunda**.

Rosamunda (Germánico). La protectora de los caballos.

Rosana. Forma compuesta por Rosa y Ana.

Rosario (Latín). Guirnalda de rosas.

Rosaura (Latín). Rosa de oro.

Roselia: del Latín y significa jardín de las rosas.

Rosenda (Germánico). La excelente señora. Se traduce como camino de la fama.

Rosicler. Forma francesa compuesta por **Rosa y Clara**. Alude al color rosado y claro del alba.

Rosilda (Germánico). La guerrera a caballo.

Rosina (Latín). Variante de **Rosa**

Rosmira (Germánico). Célebre guerrera a caballo o rosa maravillosa.

Roswinda (Germánico). Guerrera muy famosa.

Rotrauda (Germánico). La célebre consejera.

Roxana (persa). El alba.

Rubí: piedra preciosa que en Latín significa roja.

Rubina (Latín). Bella como el rubí.

Rudi: deriva del Alemán y se traduce como la famosa.

Rufina: viene del Latín y quiere decir la pelirroja. variante: **Rufa**.

Ruperta: del Alemán y se traduce como mujer de renombre.

Rut o Ruth (Hebreo). La compañera fiel.

Rutilda (Germánico). Fuerte por su fama.

Rutilia: del Latín y significa la que destella, la rutilante.

S

Sabrina (Latín). La que nació o vino de Severn (Gran Bretaña).

Sacha, Sasha, Sashenka: (Ruso) defensora de los Hombres

Sacramento: viene del Latín y significa consagrada.

Saeth: Galés, flecha

Saffir: Galés, Zafiro

Safira: nombre hindú derivado de la piedra preciosa.

Safo (Griego). La que ve con claridad. Célebre poetisa Griega que vivió en la isla de Lesbos.

Sagrario: en latín refiere al lugar donde se guardan objetos sagrados.

Salaberga (Germánico). La que defiende el sacrificio.

Salomé (Hebreo). La princesa pacífica.

Salustiana: del Latín y significa saludable.

Salvadora (Latín). La que redimió a los hombres. Se refiere a la mujer que salva.

Samanta o Samantha (arameo). La que sabe escuchar.

Sandra. Variante Italiana de **Alejandra**. Vencedora de los hombres.

Sara (Hebreo). La princesa.

Sarff: Galés, serpiente

Saturnina: perteneciente a saturno, Dios romano de la agricultura y el orden social. Variante: **Saturniana.**

Scarlett, Scarlet: (Inglés). Escarlata

Sebastiana: del Griego y significa venerable, majestuosa.

Secundina: del Latín y se refiere a la segunda hija.

Séfora (Hebreo). Como un pájaro pequeño.

Segismunda (Germánico). La protectora victoriosa.

Selene (griego). Luna.

Selenia. Variante de **Selene**

Selma (árabe). La que tiene paz. Variante de **Anselma**. Guerrera protegida por Dios.

Selva (Latín). Que nació en la selva.

Semíramis (asirio). La que es amorosa como las palomas.

Serafina (Hebreo). El ángel flamígero. Variantes **Seraphina, Seraphine, Serafine,** se refiere a los ángeles más puros que rodean a Dios.

Serapia: antigua divinidad egipcia, significa hija del sol.

Seren: Galés, estrella

Serena (Latín). Clara y pura.

Servanda (Latín). La que debe ser salvada y protegida.

Severina: en Latín quiere decir inflexible, severa.

Sharon (Hebreo). Nombre de la llanura de Israel famosa por su fertilidad en los tiempos bíblicos; en árabe quiere decir encanto.

Sheila. Deriva de **Sile**, forma irlandesa de **Celia**. La miope.

Sibila: del Griego y significa adivinadora, profetisa.

Sigfrida: de raíz germana y quiere decir la pacificadora.

Siglinda (Germánico). La victoria que protege.

Sigrid (Germánico). La que da consejos para obtener la victoria.

Silvana (Latín). La que vive en la selva.

Silvia (Latín). Mujer de la selva. Variante: **Silvana, Silvina, Silvina**.

Simona (Hebreo). La que me ha escuchado .**Simeona** en francés, **Simone**.

Simplicia: viene del Latín y quiere decir ingenua.

Sinclética (Griego). La que es invitada.

Sinforosa: del Griego y significa la que amontona desgracias.variante: **Sinforiana**.

Sinovia, Sinya: (Ruso) Extraño

Sintiques (Griego). La que llega en una ocasión especial.

Sira (Latín). Que proviene de Siria.

Sixta: en Latín se refiere a la sexta hija.

Socorro (Latín). La que está pronta a ayudar.

Sofía (Griego). Sabiduría.

Sofiya: (Ruso) Sensatez, prudencia.

Sofronia: del Griego y se traduce como mujer de mente sana.

Sol (Latín). Que posee luminosidad.

Solana (Latín). Como el viento de Oriente.

Solange (Latín). Solemnemente consagrada.

Sonia, Sonya, Sonja, Sonechka: (Ruso). Prudente

Soraya. Variante de **Zoraida** princesa.

Sotera: en griego significa la salvadora.

Starr, Starla, Star: (Inglés). Estrella.

Stella Maris (latín). Estrella de mar.

Stephania, Stefanya, Stesha: (ruso) forma femenina de **Stephan** Coronada con laureles.

Stockard, Stockhart, Stockhard, Stokkard: (Inglés). Arbol resistente

Sulamita (Hebreo). La mansa, la pacífica.

Suleika: en árabe quiere decir bellísima.

Sulpicia: de raíz latina y se traduce como la sulfúrica.

Summer, Suma: (Inglés). Nacida durante el verano.

Sunny: (Inglés). Alegre, soleado.

Susana (hebreo). La que es como la azucena. Variantes **Susanna, Susannah, Suzanna**

Svetlana, Sveta: (Ruso). Estrella

T

Tabita: del arameo y significa gacela.

Taciana (Latín). Activa, inteligente.

Tácita: del Latín y quiere decir la silenciosa.

Tadea: viene del arameo y se traduce como la enérgica.

Tais (Griego). La que es bella.

Talia (Armaeo). Joven, la floreciente.

Talitha (Arameo).Pequeña niña.

Tally (Hebreo). Mi rocío.

Tamara (Hebreo). Como una palmera.

Tamary: (Ruso). Palmera

Tania. Forma reducida de **Tatiana**

Tanya, Tonya, Tania, Tanechka, Tatyana, Tatiana, Tanichka: (Ruso) forma equivalente rusa de nombres Italianos, significa hada reina.

Tarian: Galés, escudo

Tarsicia: de origen Griego y significa la temeraria.

Tarsilia (Griego). La que trenza mimbres o mujer audaz.

Tatiana: forma rusa de taciana. Viene del Latín "tata", (papá). En femenino sería la mamacita.

Tea. Forma reducida de **Dorotea**

Tecla: viene del griego y significa gloria de Dios.

Telesfora: en griego quiere decir la que llega lejos.

Telma o Thelma (Griego). Amable con sus semejantes, lactante, niña recién nacida.

Telyn: Galés, arpa

Temis (griego). La que establece el orden y la justicia.

Teodequilda. (Germánico). La guerrera de su pueblo.

Teodolinda (Germánico). La que es amable con la gente de su pueblo.

Teodomira: del Alemán y quiere decir famosa en su pueblo.

Teodora (Griego). Regalo de Dios, don de Dios.

Teodosia (Griego). La que ha sido dada como regalo de Dios, variante de **Teodora**.

Teódula: del Griego y quiere decir sierva de Dios.

Teófila: en griego significa amiga de Dios.

Teolinda (Germánico). Forma reducida de **Teodolinda**

Teotista: del Griego y significa embrigada por Dios.

Teresa (griego). La cazadora.

Terpsícore (Griego). La que se deleita con el baile.

Terrwyn: Galés, valiente

Tesira (Griego). La fundadora.

Tetis (Griego). La nodriza.

Theodosia, Theda, Thedya: (Ruso) Regalo de Dios

Tiburcia: la nacida en el barrio romano de tibur o tívoli.

Ticiana (Latín). La valiente defensora.

Timotea: del Griego y significa la que respeta a Dios.

Tíndara: en griego significa voluntad de amar.

Tirsa: en hebreo quiere decir agradable, simpática.

Tita: de origen romano y significa la defensora.

Tomasa (Hebreo). La hermana gemela.

Torcuata: en Latín se traduce como adornada con collares.

Toreth: Galés, abundante

Toribia: del Griego y significa turbulenta, estrepitosa.

Torlan: Galés, que viene del rio

Torri: Galés, descanso

Toscana (Latín). La que nació en Etruria (Toscana).

Tranquilina: en Latín se traduce como mujer serena, sosegada.

Tránsito (latín). La que pasa a otra vida.

Trifena: del Griego y quiere decir deliciosa. Variante: **Trifosa**.

Trifonia: en griego significa mujer que tiene tres voces.

Tristana (Latín). Que lleva consigo la tristeza.

Troya (latín). La que ofende.

Tuesday, Tiwesdaeg: (Inglés). Nacida un martes

Tula: apodo de Gertrudis.

Tulia: famosa familia romana, significa la que tiene callos en las manos por el trabajo.

Tusnelda (Germánico). La que combate a los gigantes.

Tyne, Tyna, Tina: (Inglés). Río.

U

Ulrica: (Alemán) y significa la gran heredera.
Umbelina (Latín). La que da sombra protectora.
Una: Galés. Ola blanca
Urania: musa Griega de la astronomía, significa la celestial.
Urbana: del Latín y quiere decir la que vive en la ciudad.
Urola, Ursula: (Ruso) Pequeño oso
Ursulina. Variante de **Ursula**

V

Valburga (Germánico). La que defiende en el campo la batalla.
Valdrada (Germánico). La que da consejos.
Valentina (Latín). Que posee fuerza y valor.
Valeria. Variante de **Valentina**.
Valeska: (Ruso) Victoria, líder
Valkiria: Diosas germanas de la guerra, la que escoge en el campo de batalla a los héroes.
Vanda (Germánico). Protectora de Vendén o de los vándalos.
Vania, Vanya: (Ruso) regalo de Dios
Vanina (Hebreo). Forma reducida de **Giovannina**
Vanora: Galés, Ola blanca
Varvara, Varya, Varinka, Varushka: (Ruso) Extraño
Vassillissa, Vasilissa, Vasya: (Ruso). Real
Velika: (Ruso) Hermosa
Velvet, Velouette: (Inglés). Suave
Venancia: deriva del latín y se traduce como la cazadora.
Venustiana: (latín) significa la que hace el amor.
Vera: (latin) forma rusa equivalente a Fiel, de tener confianza.
Verbena (latín). La que es saludable.
Veredigna (latín). La que tiene grandes méritos por su dignidad.
Verna: en francés se traduce como la primaveral.
Verochka, **Viveka**: (Ruso) Hermosa voz
Verónica: (Griego) verdadero retrato o mujer victoriosa. Variante: **Berenice.**
Vespasiana: de raíz latina y quiere decir avispa.
Vesta (Griego). La que mantiene el fuego sagrado, hogar.
Vicenta (latín). Ha conseguido la victoria.
Victoria: del Latín y significa victoriosa. Diminutivos: **Victorina, Vicky.**
Vidalina: en español antiguo significa mujer vital. Variante: **Vitalia, Vitalina, Vida.**
Vigilia: (latín) se traduce como la vigilante.
Vilma: diminutivo Alemán de Guillerma. Protegida por su voluntad.
Violeta (latín). La modesta.
Virgilia: de raíz latina y significa vara, rama erguida.
Virginia (latín). La que es pura, significa virgen.
Virtudes: viene del Latín y significa fuerza, valor.
Vita (Latín). Vida.
Viviana (celta). La pequeña o viviente.
Volupia: en griego se traduce como la voluptuosa.

W

Walkiria o **Walkyria** (escandinavo). La que elige a las víctimas del sacrificio.

Wanda: viene del alemán y significa mujer errante, caminante.

Wanetta, Wann: (Inglés). Pálida

Welsa, Welsie: (Inglés). Que viene del oeste

Wendy: diminutivo inglés de Guendolina.

Wereburga (Germánico). La protectora de la guardía.

Wilfrida: de raíz germana y significa mujer de gran voluntad.

Willa: (Inglés). Resuelto

Wilma. Variante de **Guillermina**

Winefrida (Germánico). La que es amiga de la paz.

Winnifred, Wynnifred: Galés, ola blanca

Wulfilde (Germánico). La que lucha con los lobos.

Wynne, **wyn**: Galés, comercio

X

Xenia (Griego). La que da hospitalidad, la forastera.

Xenobia: variante de **Cenobia.** La que hace vida en común.

Ximena. Variante de **Jimena**, significa Dios escucha.

Xiomara: en lengua chibcha significa liviana.

Xóchitl: en lengua azteca significa flor.

Y

Yael. Variante de **Jael.**
Yajaira: la que es clara como el día.
Yalena, Yalenchka: (Ruso) Forma rusa de **Helen.** Luz
Yamilet: en árabe significa mujer bella, graciosa.
Yanet. Variante de **Jeannette**
Yanina. Variante de **Giannina**
Yanira: variante de **Deyanira**. Destructora de hombres.
Yara: de raíz tupí y significa la señora.
Yedda: (Inglés). Hermosa voz
Yelizaveta: (Ruso) Forma rusa de **Elizabeth**
Yetta: (Inglés). Generosa
Yocasta: de la mitología Griega, madre de edipo.
Yolanda: variante de violante. De color lila, violeta.
Yoli: en francés significa alegría.
Yone (Griego). Bella como la violeta.
Ysbail: Galés, estropear
Yuliya, Yulenka: (Ruso) Forma rusa de Julia, juvenil
Yuraima: nombre indígena guarao, quiere decir agua grande.
Yvette. Variante de **Ivonne**
Yvonne. Variante de **Ivonne**

Z

Zahira (árabe). La que ha florecido.

Zahra (árabe). Flor.

Zaida (árabe). La señora que caza. Madre de muchos hijos.

Zaira. Variante de **Zahira**

Zaneta: (Ruso) regalo de Dios

Zarina (eslavo). Emperatriz.

Zelma. Variante de **Selma**

Zelmira. Variante de **Celmira**

Zenaida: (griego) significa hija de Zeus.

Zenevieva: (Ruso) Forma rusa de **Genevieve**, hombros blancos.

Zenobia (Arabe) Orgullo de su padre.

Zenya, Zenechka: (Ruso) Forma rusa de **Eugenia** (noble)

Zeonchka, zena: (Ruso) que viene desde **Zeus**

Zila: (hebreo) significa la humilde.

Zilla (Hebreo). La que da grata sombra.

Zinerva: (Ruso) Forma rusa de Minerva. Sensato.

Zita (persa). Se mantiene virgen, doncella, muchacha.

Zoé (Griego). La llena de vida.

Zoila: (griego) quiere decir la muy viva.

Zoraida (árabe). La que es elocuente, se traduce como mujer cautivadora.

Zoyechka, Zoyenka, Zoya: (Ruso) Vida

Zulecia: (árabe) significa rolliza, gordita.

Zuleica (árabe). Mujer hermosa y rolliza.

Zulema. Variante de **Zulma**

Zulima: viene del hebreo y quiere decir mujer pacífica. Variante: **Zulema**.

Zulma (árabe). Mujer sana y vigorosa.

Otros nombres de origen hebreo, griego y árabe.

Si ninguno de los nombres anteriores te ha convencido, checa estos otros, donde te sugiero también, si es para niño o para niña.

Aban Hebreo: fillo, efímero
Abbas León
Abbud Adorador
Abde Nâsser Sirviente del victorioso
Abdel Alí Sirviente del más alto
Abdel Alim Sirviente del Omnisciente
Abdel Azim Sirviente del poderoso
Abdel Aziz Sirviente del Poderoso
Abdel Bari Sirviente del creador
Abdel Fattâh Sirviente de quien abre
Abdel Ghaffâr, Ghafûr Sirviente del que perdona
Abdel Hadi Sirviente del guía
Abdel Hâfez Sirviente del protector
Abdel Hakîm Sirviente del sabio
Abdel Halîm Sirviente del apacible, paciente
Abdel Hamîd Sirviente del alabado
Abdel Haqq Sirviente de la verdad
Abdel Jabbâr Sirviente del poderoso
Abdel Jalîl Sirviente del majestuoso
Abdel Karîm Sirviente del noble, generoso
Abdel Khâliq Sirviente del creador
Abdel Mâjid Sirviente del glorioso
Abdel Mâlik Sirviente del amo, señor
Abdel Mu'jib Sirviente del que responde
Abdel Muta'al Sirviente del más Alto
Abdel Qâder Sirviente del poderoso
Abdel Qahhâr Sirviente del omnipotente
Abdel Rahîm Sirviente del más compasivo
Abdel Rahmân Sirviente del misericordioso
Abdel Rashîd Sirviente de quien debidamente nos guía
Abdel Ra'ûf Sirviente del más misericordioso
Abdel Razzâg Sirviente del que nos mantiene, proveedor
Abdel Sabûr Sirviente del paciente
Abdel Salâm Sirviente de la paz
Abdel Samad Sirviente del eterno

Abdel Sâmi' Sirviente del que todo lo oye
Abdel Tawwâb Sirviente del que perdona
Abdel Wadûd Sirviente del que nos ama
Abdel Wâhed Sirviente del que es único
Abdel Wahhab Sirviente del que da
Abdel, Abdul Sirviente (de Alá)
Abelard resuelto, encargado de la abadía **Niño**
Acacia espinoso, ingenuo **Niña**
Acantha ingenuo **Niña**
Achilles labios del pecado, marrón, oscuro **Niño**
Achlys niebla, oscuridad **Niña**
Adalgisa rehén noble **Niña**
Adalgiso rehén noble **Niño**
Adalia refugio del dios, justo, noble uno **Niña**
Adara belleza, virginal **Niña**
Adel Justo
Adelbert famoso por nobleza **Niño**
Adelfried quién protege a descendientes **Niño**
Adelina noble **Niña**
Adelino noble **Niño**
Adelmo protector noble **Niño**
Adelphos hermano **Niño**
Ademaro glorioso en batalla **Niño**
Ademia sin marido **Niña**
Adham Negro
Adler águila **Niño**
Adolfina lobo noble, héroe noble **Niña**
Adolph lobo noble, héroe noble **Niño**
Adonia hermoso **Niña**
Adonis hombre amado por Afrodite, hermoso **Niño**
Adrian rico **Niño**
Adrienne rico **Niña**
Aeneas digno de alabanza **Niño**
Aetos águila **Niño**
Afîl Casto, modesto
Agape amor del siguiente **Ambos**
Agatha bueno **Niña**
Agatone bueno **Niño**
Aglaia sabiduría, gloria **Niña**
Agneta puro **Niña**
Agneta puro **Niña**
Ahmad, Ahmed El más fervoroso adorador

Ahren águila **Niño**
Aileen luz, prado verde **Niña**
Airlia etéreo **Niña**
Ajax águila **Niño**
Âkil Inteligente, que usa la razón
Akram Muy generoso
Alâ La nobleza
Alâ`al.dîn, Aladdin La nobleza de la fe
Alala diosa de la guerra **Niña**
Alaric regla noble **Niño**
Albahaca real, valiente **Niño**
Albert noble y brillante **Niño**
Alberta noble **Niña**
Alcander fuerte **Niño**
Alcina resuelto **Niña**
Aldora regalo con alas **Niña**
Aldous viejo rico **Niño**
Alena bastante, luz **Niña**
Alethea el veraz **Niña**
Alexander protector de la humanidad **Niño**
Alexandra ayudante de la humanidad **Niña**
Alger guerrero noble **Niño**
Alî Muy alto, noble
Alicia noble, verdad **Niña**
Alicia noble, verdad **Niña**
Alida con alas vestido, pequeño el hermoso **Niña**
Alîm Sabio
Alphonse estado noble, impaciente **Niño**
Altaír pájaro, estrella **Ambos**
Althea curador, sano **Niña**
Alysa princesa **Niña**
Alyssa lógico **Niña**
Amara amargo, eterno, inmortal, firme, querido **Niña**
Amaryllis fresco, chispeando **Niña**
Ambrose inmortal **Niña**
Ambrosine Inmortal **Niña**
Amethyst una piedra preciosa **Niña**
Amîn fiel
Amîr príncipe
Anastasia resurrección **Niña**
Anatole del este **Niño**
Ancel divino **Niño**
Andreus hijo de Peneius **Niño**

Andrew de hombres, valeroso, valeroso **Niño**
Andromeda hermoso rescatado por Perseus **Niña**
Anémona respiración **Niña**
Angela mensajero divino **Niña**
Angell mensajero **Niño**
Angelo mensajero divino **Niño**
Anieli de hombres **Niño**
Anillo un anillo **Niño**
Anîs amigo íntimo
Anker de hombres **Niño**
Anteia esposa de Proteus Dios del mar **Niña**
Anthea señora de flores **Niña**
Antje tolerancia **Niña**
Anwar Luz
Aphrodite diosa del amor **Niña**
Apolline sol, calor y fuerza **Niña**
Apolo Belleza de hombres **Niño**
Apostolos enviado **Niño**
Arabelle águila hermosa **Niña**
Arcilla adherir, mortal **Niña**
Areli Mi Dios es fuerza **Niña**
Ares dios de la guerra **Niño**
Aretha el mejor, ninfa **Niña**
Aretina virtud **Niña**
Arfan gratitud
Argus brillante **Niño**
Ariadne melodía, la muy santa **Niña**
Aricia princesa de la sangre real de Atenas **Niña**
Arion músico **Niño**
Aristo lo mejor posible **Niño**
Arnold águila, de gran alcance **Niño**
Arsen fuerte **Niño**
Arsenio de hombres, viril **Niño**
Artemis luna **Niño**
Artemisia pertenecer a Artemis **Niña**
Asad León
Ashraf muy honorable
Asia del este **Niña**
Aspasia dado la bienvenida **Niña**
Astra como una estrella **Niña**
Astrid estrella, fuerza estupenda, fuerza divina **Niña**
Aswad negro

Ata regalo
Àtef Simpático
Athan inmortal **Niño**
Athena diosa de la sabiduría **Niña**
Attis niño hermoso **Niño**
Aubrey regla del duende **Niña**
Aure brisa, aire suave **Niña**
Ava un pájaro **Niña**
Axelia protector de la humanidad **Niña**
Ayman afortunado
Ayyûb job
Azâ consuelo
Azhar luminoso
Azîm defensor
Azzâm decidido, resuelto
Badr Luna llena
Bâhir Deslumbrante, inteligente
Baldwin Amigo **Niño**
Baraka Bendición
Barbara extranjero, extraño, exótico, misterioso **Niña Barbra, Bobbie** extraño **Niña**
Barend oso **Niño**
Basha Hija del dios, extranjero **Niña**
Bashshâr/Bashîr Que trae buenas noticias, Alegre **Bassâm/Bâsim** Sonriente
Bastiaan venerable **Niño**
Battista Baptista **Niña**
Belen Una flecha **Niño**
Bellanca Plaza fuerte **Niña**
Bemus Plataforma **Niño**
Bergen Habitante de la montaña **Niño**
Berit Brillante, glorioso **Niña**
Bernadette Como oso **Niña**
Bernard Como oso **Niño**
Berta Glorioso, aprendiendo **Niña**
Bertram Brillante **Niño**
Bilal El nombre del almuecín del Profeta
Bingham Hueco de la caldera **Niño**
Bishr Alegría
Blaz Protector constante **Niño**
Bluma Una flor, floración **Niña**
Boulus Pablo
Brandeis Habitante en un claro quemado **Niño**

Brontë Trueno **Ambos**
Burhan Prueba, demostración
Burke Árbol del abedul **Niño**
Butrus Pedro
Calandra Alondra **Niña**
Calantha Flores hermosas **Niña**
Calendre Alondra **Niña**
Calista La más hermosa **Niña**
Calisto El más hermoso **Niño**
Callan Charla **Niña**
Callia Hermosa **Niña**
Callidora Regalo de la belleza **Niña**
Calliope Voz hermosa **Niña**
Canace Niño del viento **Niña**
Candace Blanco-caliente, el brillar intensamente, brillando **Niña**
Cantidad ¿Significa cuánto? **Niño**
Caroline Fuerte, melodía, canción **Niña**
Casia Campeón **Niña**
Cassandra Profeta de la condenación **Niña**
Casta Pureza **Niña**
Catherine Puro **Niña**
Cecania Libre **Niña**
Celandia El trago **Niña**
Cero Semillas **Niño**
Charis Caridad **Niña**
Charissa Tolerancia **Niña**
Charmian Una poca alegría **Niña**
Chay Hombre **Niña**
Cherise Tolerancia **Niña**
Chloe Floración **Niña**
Chloris Pálido **Niña**
Christina Sigue a Cristo **Niña**
Christopher Portador de Cristo **Niño**
Christos Cristo **Niño**
Chruse De oro, el de oro **Niña**
Circe Seductora **Niña**
Cliantha Flor de la gloria **Niña**
Clio Alabanza **Niña**
Colette Victoria de la gente **Niña**
Colin Juventud, niño, vencedor **Niño**
Conrado Consejos valientes **Niño**
Cora Virginal **Niña**

Coral, Cora Piedra pequeña **Niña**
Cosmo Orden, universo **Niño**
Cressida Oro **Niña**
Cristiano Sigue a Cristo **Niño**
Cynthia Luna, dios griego **Niña**
Cyril Orgulloso **Niño**
Cyrilla Orgullosa **Niña**
Dagmar día feliz, brillante, alegría de los daneses **Niña**
Dagna un día espléndido **Niña**
Dagobert sol brillante **Niño**
Dama señora **Niña**
Damalis uno quién trata con suavidad **Niña**
Damara niña apacible **Niña**
Damaris novilla **Niña**
Damen domesticar **Niño**
Damian una energía más doméstica, divina, sino **Niño Damon** constante, día **Niño**
Daphne laurel, árbol de la bahía, victoria **Niña**
Dasha regalo del dios **Niña**
Da'ûd/Dawûd David
Deianira esposa de Heracles **Niña**
Delbin delfín, nombre de la flor **Niña**
Delia visible de delos **Niña**
Delphine calma **Niña**
Demetria diosa de la cosecha **Niña**
Demetrius amante de la tierra, dado a la diosa de la tierra **Niño**
Denes vino, drama **Niño**
Denise de Dionysus **Niña**
Dennis de Dionysus **Niño**
Deo divino **Niño**
Derek regla **Niño**
Desdemona miseria **Niña**
Diácono serviente, mensajero **Niño**
Diafragma arco iris, un juego de colores **Niña**
Dianthe flor divina **Niña**
Dibujó robusto, visión **Ambos**
Dieter la regla de la gente **Niño**
Dietlinde **Niña**
Dion corto para Dionysus **Niño**
Dionne reina divina **Niña**
Dora regalo **Niña**
Doria topónimo **Niña**
Dorian topónimo **Niño**

Dorinda regalo del dios, el hermoso **Niña**
Doris del mar **Niña**
Dorota regalo de Dios **Niña**
Dorothy un regalo de Dios **Niña**
Dreama música feliz **Niña**
Drucilla ojos de Dewey **Niña**
Dustin combatiente valeroso, piedra oscura **Ambos**
Dymas padre de Hecate **Niño**
Dyna de gran alcance **Niña**
Dysis puesta del sol **Niña**
Ébano belleza oscura, una madera dura **Niña**
Ebba fuerza, vuelta de la marea **Niña**
Eberhard verraco salvaje fuerte **Niño**
Eco una ninfa, voz repetida **Niña**
Edwin amigo próspero, hacha del heredero **Niño**
Edwina amigo próspero, hacha del heredero **Niña**
Efterpi bastante en cara **Niña**
Egbert espada, famoso, brillante **Niño**
Egmont arma, defensor **Niño**
Eileen luz **Niña**
Eirene paz **Niña**
Eldoris del mar **Niña**
Eldwin viejo amigo **Niño**
Eleanor luz, misericordia **Niña**
Electra brillante, el brillo **Niña**
Elektra luz brillante **Niña**
Eleni luz o antorcha **Niña**
Elina puro, inteligente **Niña**
Elisabeth Juramento del dios **Niña**
Elissa reina de carthage **Niña**
Ellery uno quién vive cerca del árbol más viejo, alegre **Niño**
Elma amable **Niña**
Elodie flor Marshy, blanca **Niña**
Emil emular **Niño**
Emily impaciente **Niña**
Emma universal, completo **Niña**
Eranthe flor del resorte **Niña**
Erasma amable **Niña**
Erasmus amable **Niño**
Erianthe dulce, de tantas flores **Niña**
Erika siempre de gran alcance **Niña**
Ernest serio, vigoroso **Niño**

Ernestine serio, vigoroso **Niña**
Eryx hijo de Aphrodite y de Poseidon **Niño**
Esmeril regla del trabajo, hogar de gran alcance **Niño**
Essâm Resguardo
Eudocia estimado **Niña**
Eudor buen regalo **Niño**
Eudora regalo encantador **Niña**
Eugene afortunado nato **Niño**
Eugenia afortunado nato **Niño**
Eulalia feria del discurso **Niña**
Eunice victorioso **Niña**
Euphemia de la fama justa **Niña**
Euphrosyne alegría **Niña**
Eustace fructuoso **Niño**
Evadine de la mitología griega **Niña**
Evadne una agua ninfa **Niña**
Evan guerrero joven, bien llevado **Niño**
Evander fundador temprano de Roma, regla benévolo **Niño**
Evangelia quién trae buenas noticias **Niña**
Evangelina Ángel **Niña**
Evangeline como un ángel **Niña**
Evanthe flor **Niña**
Fâdel Generoso, honorable
Fâdi Redentor
Fahd Lince
Faiga un pájaro **Niña**
Fakhîr Orgulloso, Excelente
Farid Único
Fâris Jinete, caballero
Farûq Que distingue la verdad de la falsedad
Fath Victoria
Fátima Niña destetada
Fâtin Diestro, inteligente
Fawwâz/Fawzî Exitoso
Faysal Firme
Fedora regalo divino **Niña**
Ferdinand viajero valeroso **Niño**
Firas Perspicacia
Frederick regla pacífica **Niño**
Frederika regla pacífica **Niña**
Fremont guarda de la libertad **Niño**
Frieda paz, alegría **Niña**
Fu'ad Corazón

Gaea diosa de la tierra **Niña**
Galatea leche blanco **Niña**
Galiana el supremo **Niña**
Garin guerrero **Niño**
Geert fuerza valiente **Niño**
Gelasia predispuesto a la risa **Niña**
George granjero, trabajar la tierra **Niño**
Georgette femenino de George **Niña**
Georgia granjero, trabajar la tierra **Niña**
Georgia, Georgiana femenino de George **Niña**
Gerard lanza-valiente **Niño**
Gerda protección **Niña**
Ghâlib Víctor
Ghassân Nombre árabe antiguo
Ghâzî Conquistador
Gilbert compromiso **Niño**
Giles portador del protector **Niño**
Giselle un compromiso **Niña**
Graeae gris **Niña**
Gredel una perla **Niña**
Gretchen poca perla **Niña**
Habib Querido
Hackett pequeño hombre del bosque **Niño**
Haddâd Herrero
Hadi Que guía por el buen camino
Hahn gallo **Niño**
Haidee modesto **Niña**
Hajjâj Peregrino
Hâkem Gobernante
Hakîm Sabio
Hali mar; collar, topónimo **Niña**
Halîm Apacible, paciente
Hallie pensamiento en el mar **Niña**
Hamdân/Hamîd Alabado
Hamza León
Hâni Feliz, satisfeito
Hârûn Aarón
Hasan/Hassân Bueno
Hashîm Corredor, destructor del mal
Hastings el rápido **Niño**
Haytham Halcón joven
Heidi noble, bueno **Niña**

Helen el brillante **Niña**
Helen, Helena luz **Niña**
Heller el sol **Niño**
Helmuth casco, protector, valor **Niño**
Henrietta regla del hogar **Niña**
Henrio regla del hogar **Niño**
Hera reina de los dioses **Niña**
Herman hombre del ejército **Niño**
Hesper estrella de la tarde **Niña**
Hiedra planta de la hiedra, un vino **Niña**
Hiedra planta de la hiedra, un vino **Niña**
Hilâl Luna nueva
Hishâm Generosidad
Homer promesa **Niño**
Humam Valeroso, generoso
Husayn, Husain, Hussein Pequeña belleza
Hypatia lo más arriba posible **Niña**
Hypatia lo más arriba posible **Niña**
Ianthe flor violeta **Niña**
Ianthe flor violeta **Niña**
Ibrahïm Abraham
Idola idolatrada **Niña**
Idola idolatrada **Niña**
Ihsân Beneficencia
Ilse corto para Elizabeth **Niña**
'Imâd al-Dîn El pilar de la fe
'Imâd Apoyo, pilar
Imre gran rey **Niño**
Iona nombre de la flor, joya púrpura **Niña**
Iona nombre de la flor, joya púrpura **Niña Irene** paz **Niña Isadora**
regalo de la luna **Niña Isaura** aire suave **Niña**
Irene paz **Niña**
'Isà, Eisà Jesús
Isadora regalo de la luna **Niña**
Isaura aire suave **Niña**
Ishâq Isaac
Isma'îl Ismael
Isra'îl Israel
'Issâm Resguardo
Jâber Consolador, confortador
Jacinda hermoso **Niña**
Jacinta encantador **Niña**
Jacinthe Jacinto **Niña**

Jacinto flor del jacinto **Niña**
Jacinto flor del jacinto **Niña**
Jalâl Gloria
Jalîl Grande, que venera
Jamâl Belleza
Jamîl Bonito
Jarvia lanza afilada **Niña**
Jarvinia inteligencia afilada **Niña**
Jawhar Joya, sustancia
Jenell conocimiento, comprensión, amabilidad **Niña**
Jeno cielo, bien-llevado **Niña**
Jibrîl Gabriel
Jihâd lucha, guerra santa
Johann regalo gracioso de Dios **Niño**
Juliun, Julio pelo coloreado **Niño**
Kadar Poderoso
Kadîn Amigo, confidente
Kaethe puro **Niña**
Kaia tierra **Niña**
Kairos diosa de Júpiter **Niña**
Kalika rosebud **Niña**
Kalonice victoria de la belleza **Niña**
Kamâl Belleza, perfección
Kamîl Perfecto
Kara puro **Niña**
Karen, Karena el puro **Niña**
Karîm Generoso, noble
Karissa amor, tolerancia **Niña**
Karsten bendecido, untado uno **Niño**
Kasch como un mirlo **Niño**
Kasîb Fecundo
Kassia puro **Niña**
Kate puro **Niña**
Katherine puro **Niña**
Katherine, Kathy, Kathleen puro **Niña**
Kay rejoicer; fortaleza **Niño**
Keila Fortaleza **Niña**
Keled Inmortal
Kellen pantano **Niño**
Khâlid Eterno
Khalîl Buen amigo
Khâliq Creador

Kiefer fabricante de barril **Niño**
Kineta el activo **Niña**
Kirsten cristiano; iglesia de piedra **Niña**
Kit el portador de Cristo **Niño**
Kolina puro **Niña**
Koren virginal **Niña**
Kozma decoración **Niño**
Krischnan cristiano **Niño**
Kynthia llevado bajo muestra del cáncer **Niña**
Labîb Sensato
Lamar tierra **Ambos**
Lancelot Tierra **Niño**
Lander dueño de característica; hombre del león **Niño**
Lanza asistente del caballero; tierra **Niño**
Laria los sars son los míos **Niña**
Larissa nombre de una ciudad, mujer mítica; el alegre **Niña**
Latîf Amable, agradable
Layna luz, verdad **Niña**
Leah la vaca, cansa uno; alegres; amante, regla **Niña**
Leander hombre del león **Niño**
Leandra mujer del león **Niña**
Lear del prado **Niño**
Lengüeta redoblante **Niño**
Leonard corazón de león **Niño**
Leonard, Leo, Leon león en negrilla **Niño**
Leonidas uno quién es en negrilla como león **Niño**
Leonora luz **Niña**
Leopold líder en negrilla **Niño**
Leopolda líder en negrilla **Niña**
Letha olvidadizo, oblivion **Niña**
Leyna poco ángel **Niña**
Liese querido por Dios **Niña**
Lilah el lirio **Niña**
Lillian, Lil, lirio Un lirio **Niña**
Litsa uno quién trae buenas noticias **Niña**
Livana diosa **Niña**
Lorelei del río del Rin **Niña**
Lorena donde mora Lothar **Niña**
Loring famoso en guerra **Niño**
Loto flor de loto **Niña**
Louis guerrero famoso **Niño**
Louis, Lewis guerrero **Niño**
Louise maiden del guerrero **Niña**

Luqmân El nombre de un profeta
Lutfî Amistoso
Luther guerrero **Niño**
Lydia mujer de Persia, belleza **Niña**
Lykaios de un lobo **Ambos**
Lyris jugador de Lyre **Niña**
Lysander libertador, emancipación **Niño**
Lysandra libertador, emancipación **Niño**
Ma'an Beneficio
Macaria hija de Hércules y de Deianara **Niña**
Madeja regla de un estado **Niño**
Madge Una perla **Niña**
Madison hijo de un guerrero poderoso; hijo de Maud **Ambos**
Maeve diosa; una flor púrpura **Niña**
Maggie Una perla **Niña**
Mahdi Salvador
Mâher Experimentado
Mahmûd Alabado
Maia enfermera, madre, diosa del resorte; grande **Niña Malva** Suave **Niña**
Mâjid Glorioso
Mâkin Fuerte
Mâlik Amo, rey, ángel
Mallory consejero del ejército, sin buena fortuna **Niña**
Manfred hombre de la paz **Niño**
Mansûr Ayudado por Dios
Maravilla una flor **Niña**
Mâred Rebelde
Mariam esposa de Herod **Niña**
Marilee amargura **Niña**
Marlene niño de la luz, amargo **Niña**
Marmara radiante **Niña**
Marzûq Bendecido por Dios
Mash'al Antorcha
Mas'ûd Afortunado, feliz
Mathilda fuerza de la batalla, fuerza **Niña**
Maud fuerza en batalla **Niña**
Mayer granjero; mayor; de la luz **Niño**
Maymûm Afortunado
Medea decisión; niño medio **Niña**
Megan capaz poderoso, fuerte, perla **Niña**
Megara esposa de Hércules **Niña**

Melanctha flor negra **Niña**
Melancton flor negra **Niño**
Melanie vestido en el negro, oscuro **Niña**
Melba delgado, suave; flor de la malva **Niña**
Melinda tratar uno con suavidad **Niña**
Melita dulce de la miel **Niña**
Melodía canción **Niña**
Merrill famoso; del mar **Niño**
Meyer un granjero **Niño**
Mikha'îl Miguel
Millicent fuerza **Niña**
Minerva energía; pensador **Niña**
Minna amor; madre; amargura **Niña**
Minta menta **Niña**
Mirto una flor, símbolo de la victoria **Niña**
Morgen mañana **Niña**
Moses ahorrado; niño; tomado del agua **Niño**
Mubârak Bendito
Mufîd Útil
Muhsin Caritativo
Muhtadi Debidamente guiado
Mujâhid Guerrero, luchador
Mukhtar Escogido
Munir Brillante, inteligente
Muntassir Victorioso
Muriel mirra; mar-brillante; ángel de junio **Niña**
Murtadi Satisfecho
Mustafà Elegido
Mu'tazz Orgulloso
Muti' Obediente
Muwaffaq Exitoso
Myles inventor del molino del maíz **Niño**
Myron aceite dulce **Niño**
Nabîl Noble
Nadîm Amigo
Naia el fluir **Niña**
Naida ninfa del agua **Niña**
Naijjâr Carpintero
Nâji Seguro, salvo
Najîb De descendencia noble
Najm al-Dîn La estrella de la fe
Napoleon león de las maderas; de la ciudad de Nápoles **Niño**
Narciso amor a uno mismo **Niño**

Narcissa amor a uno mismo **Niña**
Narella el brillante **Niña**
Nâsser Protector, vitorioso
Nâzeh Puro, casto
Nazim Administrador
Nell luz **Niña**
Nellie el brillante **Niña**
Neo nuevo **Niño**
Neola joven **Niña**
Neoma luna nueva **Niña**
Nerin un nereid, uno del mar **Niña**
Nerita del mar **Niña**
Nessa, Nessia puro **Niña**
Nestor viajero, sabiduría **Niño**
Nevin sobrino **Niño**
Neysa puro **Niña**
Nicholas gente victoriosa **Niño**
Nicia ejército victorioso **Niña**
Nicodemus victoria de la gente **Niño**
Nicole gente victoriosa **Niña**
Nicolette, Nicole victoria de la gente **Niña**
Nike victoria **Ambos**
Niobe fern **Niña**
Nixie sprite del agua **Niña**
Nora el brillante; honor, luz **Niña**
Norbert héroe rubio **Niño**
Norberta héroe rubio **Niña**
Nordica del norte **Niña**
Nurith nombre de una flor en Israel **Niña**
Nyx noche **Niña**
Obelia pilar de la fuerza **Niña**
Obelix pilar de la fuerza **Niño**
Odelette poca canción **Niña**
Odelia el poco rico; dios de la alabanza **Niña**
Odell el poco rico; oda; nutria **Niño**
Odell el poco rico; oda; nutria **Niño**
Odessa odisea, viaje, viaje **Niña**
Odysseus por completo de la cólera **Niño**
Olinda protector de la característica **Niña**
Olympia del montaje Olympus, divinamente **Niña**
Ómar De vida larga, compañero del Profeta
Omar primer hijo, discípulo; altavoz dotado; famoso **Niño**

Omega grande **Niña**
Ophelia útil, sabio **Niña**
Ophira oro **Niña**
Orlantha de la tierra **Niña**
Orrin montaña **Niño**
Otis agudo; rico **Niño**
Otis agudo; rico **Niño**
Owen guerrero; pozo llevado **Niño**
Pamela honeyed **Niña**
Pandora el talentoso **Niña**
Panos una roca **Niño**
Panthea de todos los dioses **Niño**
París nombre de la ciudad; nombre de un dios **Niño**
Peder piedra **Niño**
Pedro Una roca **Niño**
Pegeen una perla **Niña**
Peggy, clavija Una perla **Niña**
Pelagia del mar **Niña**
Penelope tejedor **Niña**
Penrod comandante estimado **Niño**
Penthea fifth, moruner **Niña**
Peony nombre de la flor **Niña**
Pepin perseverencia **Niña**
Persephone diosa del mundo terrenal **Niña**
Persis Mujer de Persia **Niña**
Petrina Una roca **Niña**
Phedra brillo de uno **Niña**
Philadelphia brotherly amor **Niña**
Philana el adorar **Niña**
Philip amante del caballo **Niño**
Philippa amante del caballo **Niña**
Philomena amante de la canción, amigo, amante de la luna **Niña**
Phineas oráculo; oscuro-pelado **Niña**
Phoebe el brillante **Ambos**
Phoena pájaro místico, púrpura **Niña**
Phoenix pájaro místico, púrpura **Niño**
Phyllis rama frondoso, estimado **Niña**
Platon llevado a hombros **Niño**
Psique el alma **Niña**
Pyrena ardientemente **Niña**
Pythia profeta **Niña**
Qâsim Divisor, distribuidor
Qudâma Valor

Que muerte **Ambos**
Quinn sabio, reina, fifth, llevado **Ambos**
Ra`id Líder
Ra`is Jefe
Rabah Ganador
Rabî' Primavera, brisa
Radi Modesto
Rafîq Compañero, amigo
Raghîb Deseoso
Raissa pensador; se levantó **Niña**
Rakin Respetuoso
Rashâd La integridad de la conducta
Rashîd De buen juicio
Râteb Administrador
Rayhan Favorecido por Dios
Raymond protector digno **Niño**
Raynard el valiente; ejército poderoso **Niño**
Reda, Rida, Ridha La satisfacción (en Dios)
Redmond consejero **Niño**
Redwân Aceptación
Rena paz; canción feliz **Niña**
Rhea corriente, madre; amapola **Niña**
Rhoda se levantó **Niña**
Rhodanthe flor del arbusto color de rosa **Niña**
Rhodes habitante por las cruces; rosas **Niño**
Richard regla de gran alcance; el valiente **Niño**
Richelle regla de gran alcance; el valiente **Niña**
Rita perla, preciosamente **Niña**
Ritter caballero **Niño**
Riyâd Jardines
Rizpah cama, extensión, carbón **Niña**
Roderica el famoso **Niña**
Roderick el famoso **Niño**
Roger famoso, tranquilidad **Niño**
Roland de la tierra famosa **Niño**
Roth rojo **Niño**
Rudolph lobo **Niño**
Sa`îd Feliz
Saba mujer de Sheba **Niña**
Sâber Paciente
Salâh Recto
Sâleh Íntegro, sano

Salîm Seguro, entero
Salmân Seguro
Sâmeh Que perdona
Sâmî Alto
Samîr Compañero que entretiene
Sandra ayudante de la humanidad **Niña**
Sandrine ayudante y defensor de la humanidad **Niña Sapphira** joya azul
Niña
Saqr Halcón
Sayf al Dîn Espada de la fe
Sayyid Amo, señor
Schmetterling mariposa **Niña**
Seema símbolo **Niña**
Selena luna **Niña**
Selene, Selena La luna **Niña**
Senta ayudante **Niña**
Serilda armado de la guerra **Niña**
Shafîq Compasivo
Shakîr Agradecido
Sharîf Honrado, noble
Shihâb Llama
Sibley profetisa **Niña**
Sibyl, Sybil sabio o profético **Niña**
Sirâj Lámpara, luz
Sirena sirena **Niña**
Sofiân, Sufiân Consagrado
Sofronio automático **Niño**
Sonnenschein sol **Niña**
Sophie sabiduría **Niña**
Sophronia foresighted **Niña**
Soterios salvador **Niño**
Stacia uno quién se levantará otra vez **Niña**
Stefania corona **Niña**
Stein piedra **Niño**
Stella una estrella **Niña**
Stephen corona **Niño**
Stephen, Stefan corona **Niño**
Stesha coronado **Niña**
Strom corriente; árbol **Niño**
Subhi, Sobhi Amanecer
Suhayl Dócil, nombre de estrella
Sulaymân Salomón
Su'ud La buena suerte

Syna dos junto **Niña**
Tabitha **Niña**
Tâher Puro, limpio
Talâl Agradable, admirable
Tâleb Buscador (de la verdad)
Talia rociar del cielo, floreciendo, cerca del agua **Niña**
Talos protector gigante de la isla de Minos **Niño**
Tammâm Generoso
Tansy inmortalidad, nombre de la flor **Ambos**
Tarasios de Tarentum **Niño**
Târeq Nombre de una estrella
Taryn reina **Niña**
Tawfîq Éxito, conciliación
Taymullah Sirviente de Dios
Tayyeb Bueno
Tekla fama divina **Niña**
Terentia guarda **Niña**
Teresa, Teri máquina segador **Niña**
Tess cuarto llevado **Niña**
Thâbet Sirviente de Dios
Thais el enlace **Niña**
Thalassa del mar **Niña**
Thalia floración, abundante **Niña**
Thanos noble **Niño**
Thea diosa, clase **Niña**
Thelma oficio de enfermera **Niña**
Theobold el más en negrilla **Niño**
Theodora regalo de Dios **Niña**
Theodore regalo de Dios **Niño**
Theola el divino **Niña**
Theone santo **Niña**
Theophilus querido de Dios **Niño**
Thera salvaje **Niña**
Theresa cosechadora, segadora **Niña**
Theron cazador **Niño**
Thisbe donde viven las palomas **Niña**
Thomas hermanar **Niño**
Thomasa hermanar **Niña**
Thyra protector **Niña**
Tia tía, princesa **Niña**
Tiara nombre de la flor **Niña**
Tibalt príncipe de la gente **Niño**

Tienette coronado con el laurel **Niña**
Timandra hija del héroe de Tyndareus **Niña**
Timeus perfecto **Niño**
Timoleon Honro lo que digo **Niño**
Timon digno **Niño**
Timothea honrar a Dios **Niña**
Timothy honrar a Dios **Niño**
Titania gigante **Niña**
Titian rojo-oro **Niña**
Titus de los gigantes **Niño**
Toronjil abeja, miel **Niña**
Tressa Máquina segadora **Niña**
Tymon honrar a Dios **Niño**
Tyrone rey **Niño**
Ubayd Fiel
Ubayda Sirviente de Dios
Ula joya del mar, estado heredado **Niña**
Ulbrecht Albert **Niño**
Ulrika regla del lobo **Niña**
Ulva Lobo **Niña**
Unna Mujer **Niña**
Urania divinamente, muse de la astronomía **Niña**
Urian De cielo **Niño**
Uriana el desconocido **Niña**
Ursa Formar de Ursula **Niña**
Usama, Osama León
Uta criada afortunada de la batalla **Niña**
Vanessa una mariposa **Niña**
Vara El extranjero **Niña**
Varick regla de protección **Niño**
Vasiliki albahaca **Niña**
Vasilios con la sangre real, real **Niño**
Vasilis Formar de albahaca **Niño**
Verner ejército que defiende **Niño**
Vesna Diosa del resorte **Niña**
Vid hombre Sylvan **Niño**
Vilhelm Guillermo **Niño**
Viveka pequeña mujer, de la fortaleza fuerte **Niña**
Voleta velado **Niña**
Wa`el Que regresa (hacia la salvación)
Wâdî Tranquilo, pacífico
Wafîq Exitoso
Waggoner Fabricante de carro **Niño**

Wâhed Singular, único
Wakîl Abogado
Walîd Recién nacido
Walter el guerrero de gran alcance **Niño**
Warner ejército que defiende **Niño**
Warren vigilante, encargado del juego, recinto, del La Varenne **Niño**
Wâsim Elegante
Wazîr Ministro, encargado
Xandra forma de Zandra **Niña**
Xandy protector del hombre **Niña**
Xanthe pelo amarillo, justo **Niña**
Xanthus amarillo **Niño**
Xena huésped **Niña**
Xenia hospitalario **Niña**
Xenophon Voz extraña **Niño**
Xenos extranjero **Niño**
Xylia habitante de madera **Niña**
Xylina de las maderas **Niña**
Xylon bosque **Niño**
Xylona del bosque **Niña**
Ya`qûb Jacob
Yaiza "la que comparte", arco-iris
Yale uno quién paga o produce, esquina de la tierra **Niño**
Yalena Helen, Elena **Niña**
Yanni Juan **Niño**
Yasâr, Yâsser Riqueza, facilidad
Yâzid Dotado por Dios de buenas calidades
Yohann Johan **Niño**
Yolanda flor violeta, modesta **Niña**
Yucef, Yusuf José
Yuhannà Juan
Zâhid Asceta
Zahîr Luminoso, Brillante
Zaida Lo que crece
Zajaruyya Zacarías
Zale fuerza del mar **Niño**
Zander Alexander **Niño**
Zandra defensor de la humanidad **Niña**
Zanita dientes largos **Niña**
Zanthe Xanthe **Niña**
Zara Alba brillante
Zarek puede Dios proteger al rey **Niño**

Zayed Aumento, crecimiento
Zebina uno quién es dotado **Niña**
Zefirino viento del resorte **Niño**
Zelda guerrero gris **Niña**
Zelia celo **Niña**
Zelig bendecido **Niño**
Zelinda protector de la victoria **Niña**
Zena vivo **Niña**
Zenaide uno quien ha dedicado su vida a Dios **Niña**
Zenia hospitalario **Niña**
Zeno de Zeus **Niño**
Zenobia de Zeus **Niña**
Zenobio fuerza de Júpiter **Niño**
Zenos regalo de Zeus **Niño**
Zephyr viento **Niño**
Zera semillas **Niña**
Zeth investigador **Niño**
Zeva espada **Niña**
Zinaida de Zeus **Niña**
Ziyâd Superabundancia
Zoe vida **Niña**
Zoello hijo de Zoe **Niño**
Zoilo animado **Niño**
Zora amanecer de oro **Niña**
Zorba Vive cada día **Niño**
Zosima animado **Niña**
Zosimo animado **Niño**
Zotico animado **Niño**
Zuhayr Luminoso

CONTACTO

Si este libro te ha gustado,
nos gustaría saber de ti.

ELREINODENOOR@GMAIL.COM

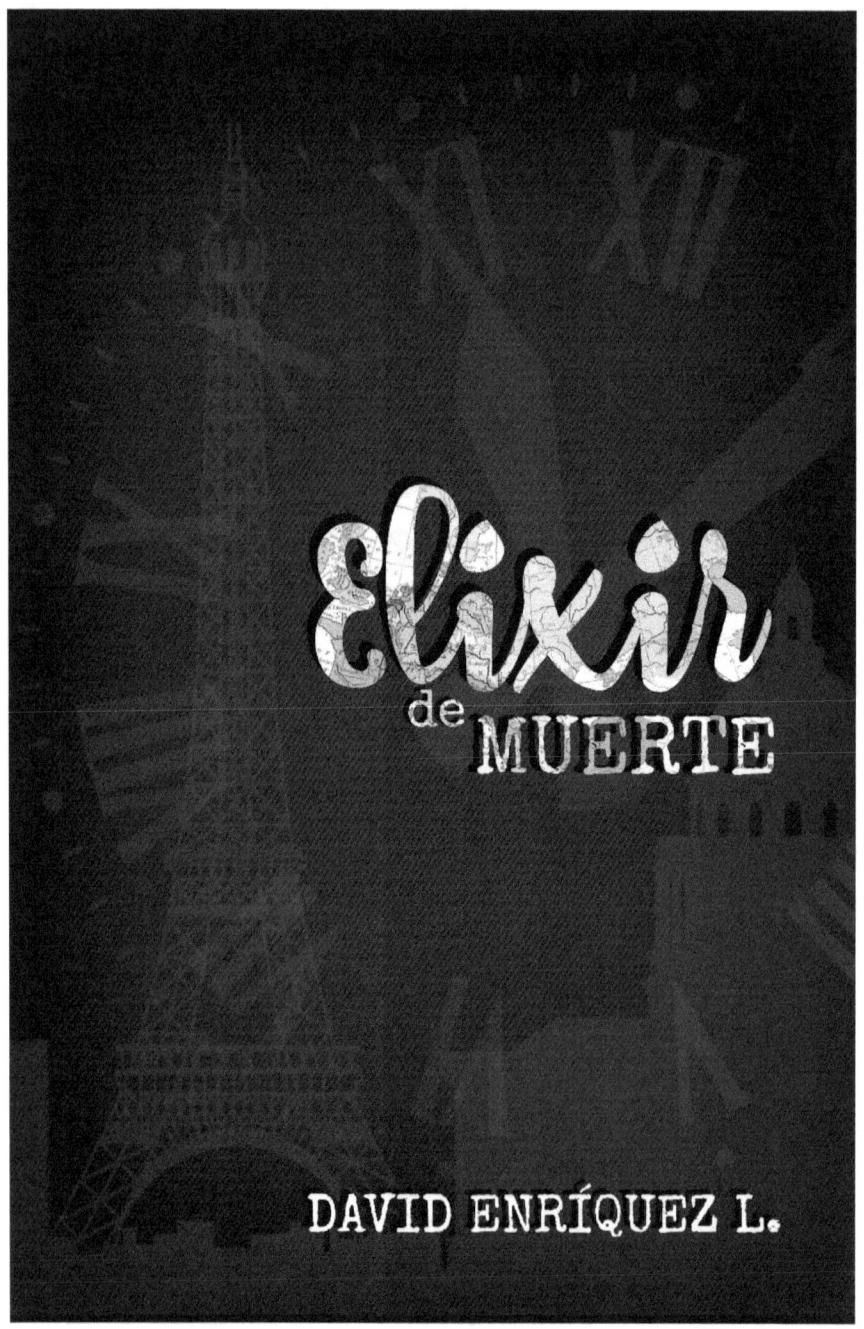

DAVID ENRÍQUEZ L.

CINCO DÍAS DE AUSENCIA

LA CORTINA DE Bakhshesh

DAVID ENRÍQUEZ L.
EL REINO DE Noor

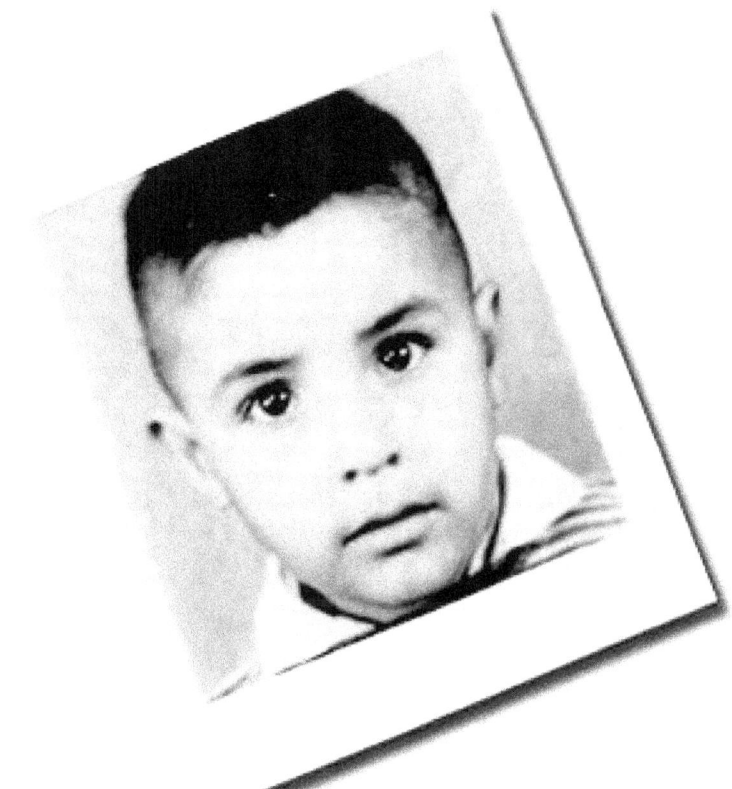

VIVENCIAS...

Relatos de sobremesa

DAVID ENRÍQUEZ L.

LIBROS PARA TU SALUD ESPIRITUAL

 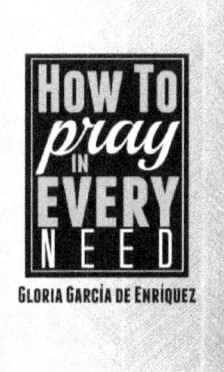 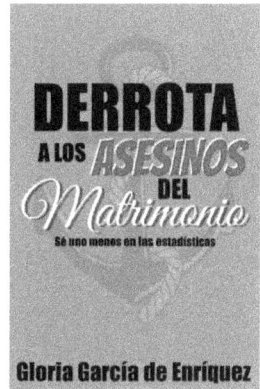

LIBROS PARA TU SALUD FÍSICA

DISPONIBLES IMPRESOS Y EN FORMATO ELECTRÓNICO